U0466175

Lean Services in Automotive Aftermarket

精益汽车服务

杜小龙 / 著

图书在版编目（CIP）数据

精益汽车服务 / 杜小龙著 . -- 北京：华夏出版社，2017.3
ISBN 978-7-5080-9132-7

Ⅰ . ①精… Ⅱ . ①杜… Ⅲ . ①汽车—售后服务 Ⅳ . ①F766

中国版本图书馆CIP数据核字（2017）第 028208 号

精益汽车服务

作　　者	杜小龙
责任编辑	裘挹红
装帧设计	红杉林文化
出版发行	华夏出版社
经　　销	新华书店
印　　刷	三河市万龙印装有限公司
装　　订	三河市万龙印装有限公司
版　　次	2017年3月北京第1版 2017年3月北京第1次印刷
开　　本	710×1000　1/16 开
印　　张	14.5
字　　数	177 千字
定　　价	45.00 元

华夏出版社　地址：北京市东直门外香河园北里4号　邮编：100028
　　　　　　网址：www.hxph.com.cn　电话：(010) 64618961
若发现本版图书有印装质量问题，请与我社营销中心联系调换。

推荐语

　　杜老师是一位专业从事汽车服务行业近二十年的专家，编辑出版了多本有关终端服务店从开业到运营全过程的服务指南，包括店内的精细化盈利实战案例的精彩分析，这本书可以作为中国汽车服务店经营的宝典之作！其中精益服务原理及28项技战术，更让终端店在最短的时间内全面提升管理水平和员工素质，让管理标准化、人性化、智能化、盈利化，值得行业同仁分享和学习，在此我代表中国汽车用品联合会向杜老师的工匠精神和对行业的付出表示由衷的敬意和感谢！希望行业有更多的人像杜老师这样二十年如一日在耕耘我们中国的汽车后产业。我相信中国汽车文化产业会更好地服务我们的消费者！让消费者更满意是我们一直追求的目标，这也是精益服务一贯坚持的理念！再次感谢杜老师！

中国汽车用品联合会会长
骆澜涛

序言 1
新时期汽车服务领域的卓越之路

随着中国经济发展速度的减缓，很多行业受到了强烈的冲击，汽车行业是受冲击比较大的一个行业，为了应对这一冲击，无论是主机厂还是分销商，都把策略从"销售"转向了"服务"。然而，由于前几年的快速发展，分销商在销量持续增长的光环下，把过多的力量投入了销售而忽略了服务体系的建设，这使得如今的这个"转型"显得多少有些被动。

非常高兴看到了《精益汽车服务》一书，这本书给那些有志于在新时期完成转型实现突破的汽车行业服务提供商提供了完善的框架、途径、工具。

从专业的角度来看，高质量的服务不是空中楼阁，而是一套建立在完善的体系之上，以赢得客户忠诚度为指导，并可高效实施的从业人员的行为规范。《精益汽车服务》一书的内容完整地覆盖了这些要素，是一本实操性非常强的、难得的好书！

在建立体系方面，本书提出的"标准在于使用"是很有价值的观点。甚至在本人曾经效力过的美国通用电气公司（GE），都存在这样的问题。我们从来不缺标准，缺的是对标准的执行和改进。正因如此，我们才会花很大的力量去审核实际操作是否符合标准。此外，本书提出的"建立人的标准"也是一个很好的观点。事实上，本人目前效力的西门子在其 2020 年的卓越服务战略中也提出了类似的观点，西门子称其为"人的卓越——People Excellence"。

现场管理，是服务运营的关键所在，本书在第三章就聚焦在这个领域，足见本书的作者拥有丰富的实践经验。不要为您现场的问题找任何借口，也不要因为自己的现场管理做得不好而沮丧（就连GE这样的企业，在医院安装医疗设备的现场都有这样那样的问题），行动起来，去改善即可。本书提出的"七重境界"清晰地描述了提高现场管理的途径，值得参考。

流程，可以说是一切改善的起点，同时也是一切改善的结果。建立起流程思维（Process Thinking）能让您获得一张清晰的图片，以回答：哪里存在不足、这个不足有多严重、改进这个不足的关键是什么、如何去实施改进、改进后的收益有多大等一系列的问题。流程的优化是持续进行的，问题从流程中来，经过改善后，效益到流程中去，如此循环。关于流程管理，有说不完的话题，用不完的工具，而本书的价值在于，它提炼出了一条切实可行的路径，能让大家快速上手，进而快速获益。

您可以忘掉这本书，但请记住里面的"道、术、器"，如果您决定在新时期有杰出的表现。

美国通用电气精益六西格玛黑带
西门子中国研究院流程与运营高级顾问
张文豪
2017年2月28日

序言 2
精益服务是一种精神

杜小龙先生的《精益汽车服务》是继《访谈式营销》之后的又一力作。

此书的精神，与汽车服务世界于 2016 年初提出的"归源"高度契合。中国的汽车后市场，在高速发展的野蛮生长时代，更多人将心智用于寻找机遇，赚更容易的钱，只有少数远见之辈，才会注重内部的管理与组织建设。但当产业红利享用殆尽后，回归商业本质，以精益服务赢得客户已是大势所趋。

精益服务是持续性创新的代表，它的核心理念是在某一项服务（技术）上持续不断地优化，追求更高更快更强。在全球深得精髓的国家一个是德国，一个是日本，正是因其"工匠之心"，反而生存力极强，甚至成为很多细分行业的隐形冠军。

今天的后市场，无疑仍然是浮躁的，但我坚信将会有越来越多的人会沉下心来，找到自己的定位，创造出自己的价值。随着单边互联网主义的破灭，线上线下一元化的趋势渐趋明朗，这些价值一定会得到尊重和体现。

这不禁让我再次回想起与杜小龙先生的第一次会面，那还是在七年前，当时他正在自己进行着精益服务的实践，当时他也是激情澎湃地向我介绍他的精益服务理念。这么多年以来，杜小龙先生一直在研究、实践并推广精益服务，过程中也在不断地优化和迭代，这何尝不是一种精神。

精益汽车服务

  汽车服务世界将鼎力支持杜小龙先生，联动产业的力量，助力企业转型升级是我们的使命。

  愿更多人有缘读得此书。

上海优漾文化传播有限公司《汽车服务世界》总经理

胡军波

2016 年 11 月 20 日

序言 3
精益的号角已经吹响

近年来，整个汽车市场有很多刺激消费的政策相应推出。随着许多一线城市限牌限号的政策不断涌现，汽车后市场逐渐从后台走向了前台。4S店集团集采化趋势的加强、互联网电商的快速崛起、品牌连锁经营的大趋势与竞争等，使得整个汽车用品零售市场受到很大的冲击，无形的市场环境给很多传统汽车用品零售企业带来更多的竞争压力。

市场环境所带来的严峻挑战，让企业不得不更迫切地需要创新求变。对于后市场汽车服务行业，在品牌化、连锁化、网络化不断被强化的今天，我们需要更好地完善行业标准，推动行业规范，打好自我基础，"抱团取暖"，练好内功，去面对更严峻的市场形势，去迎接挑战，以争取在残酷的市场竞争中制胜！

《精益汽车服务》一书是杜小龙先生和他的团队多年的心血和付出，是当前市场形势下雪中送炭之作，可以说是一剂良方，来得正是时候。杜老师的用心编著、无私分享，一心推动行业教育、发展的信念也着实让我深深敬佩！我个人认为这是行业内一部很好的理论与实战相结合的指导手册，较为完整地总结了汽车后市场服务的标准规范、管理服务体系以及问题解决方法等综合方面，可以说是一部很好的培训教材。杜老师是一个理论与实战相结合的汽车后市场专家，在行业内也摸爬滚打了十数年，相信这些实践中的心得体会能够为汽车后市场运营管

精益汽车服务

理基础的提升起到很好的指导作用。在此我也希望更多的人用心拜读此书并认可书中的理念，将此复制再传播。行业需要有更多的呐喊，众多实干家需要有更好的理论指导，以更好地帮助我们众多的汽车服务企业与终端，一起努力推动行业更好地发展！

上海海晏威固国际贸易有限公司董事长

中国汽车汽配用品行业联合会副会长

2016 年 11 月 6 日

前　言
顺应时代的变革

每当我们再次回顾过去时，总会发现，经济的高速发展往往会在繁荣的背后埋下数不清的隐患，等待在某个困难时刻被发现。野蛮发展的最终结果无非两种，或者在某个时机顺应变化致力转型，将挑战变成机遇并努力获得新生；或者在大变革面前故步自封维持不变，苦苦支撑直到淘汰出局。在时代的潮流面前，旧有的、僵化的经营格局被新颖的、高效的管理方式取代是不可避免的，也是无法阻挡的。在原有模式上的小修小补无非是延缓了淘汰的过程，这是历史发展的必然性。

过去三十年，中国的汽车服务行业正是在改革开放的浪潮下迅速爆发，野蛮生长，造就了今天的行业繁荣和规模。我们用三十年的时间走过了西方发达国家上百年走过的路，从无到有，一直到今天上百万家汽车服务店铺遍布中国市场，让人感慨。业界所获得的成就是显而易见的，值得每一个汽车服务人为此骄傲。

在汽车服务行业高速发展的过程中，几乎所有的店铺都贯彻"以现金回流为中心"这一价值观，并且所有经营行为的出发点都是以此衡量。这有其历史必然性，因为这样的方式过去活得很好，活得好的方式自然会被大量复制。为什么会活得很好呢？过去几十年是行业崛起的时代，大家只要投资店铺就能赚钱，然后继续投资继续赚钱。其他行业的资金也迅速流向这里，继续投资开店

精益汽车服务

赚钱，堪称疯狂！

每个参与其中的人都知道这样的局面终有一天要被终结，因为开了一家又一家的店铺，而市场的增速远远跟不上店铺的增速，这将必然导致大量的产能过剩。在自由竞争的行业，几乎所有好赚钱的行业都将被野蛮瓜分到不好赚钱。现在，汽车服务行业就到了这样的时候，大部分机构经营得很辛苦，每一天都有大量的店铺关门倒闭，淘汰出局。同时不可回避的是，随着当前整体经济的下行趋势，现在的经济正面临新的转型，这对现代服务行业提出了更高的要求。我们看到，消费者越来越理性，消费选择越来越多元化……一系列新的变化已经发生。

内部竞争硝烟再起，外部环境尤为恶劣，大家都在问：该怎么办？

迎接挑战，是所有店铺不得不面对的问题。同时转型也是个让所有投资人、管理者都头痛的事情。有些依靠诚信经营或过硬的技术发展较好的门店，可能还没意识到转型的价值，客户还在买账。可就在不久的将来，他们也要面对更放心、更便宜、更快捷的新型服务机构的竞争，这些机构将从各个维度提升客户满意度，这时候，转型不再是好与更好的区别，而首先是生存问题，这颇有"壮士扼腕"的悲壮。

"以客户满意为中心"的时代来临

未来经济的转型将大幅度提高现代服务业在经济中的比重，整个服务行业都将在此次转型中迎来翻天覆地的变革，这对整个汽车服务行业而言是一个重大的历史机遇。对行业的持续健康增长而言是好消息，但是对单个店铺而言呢？恐怕是晴天霹雳。这样说一点也不过分。过去粗放经营、以现金回流为中心、欺骗顾客、以次充好的店铺比比皆是，这些店铺怎么应对越来越挑剔、选择越来越多的消费者呢？毫无办法。还有一些店，整个组织架构、工作方法和销售模式，都处

前 言
顺应时代的变革

于很初级的状态，面对变得挑剔的消费者和越来越高的运营成本，只能依靠更多的付出来保持业绩，或者通过不停的销售来维持收入。当店铺为了业绩竭尽脑汁时，就不再首先为客户着想，这时候它们已经处于一种危险的境地了。

重视客户，提高客户满意度，将成为所有服务行业的新的价值观，这种价值观的体现，绝不仅仅是店铺的口号、标语、宣传海报，而是体现在工作的每一个细节和流程中。当前的客户已经处于"货比三家"的选择之中，不惜驱车跨越半个城市前往4S店的客户，不就是为了放心舒适的服务吗？4S店既不快捷，也不便宜，仍然能抢走深入社区服务的店铺的大量生意，这还不能够说明问题吗？

这些年来，我们经过大量的走访、调研、实践，对不同层次、不同地域、不同规模的服务机构进行了分析，主要是通过顾问项目直接辅导，帮助机构从"以现金回流为中心"的旧有套路中解放出来，真正回到"以客户满意为中心"的正确经营理念上来，回归服务行业的本质。

归源时代，打好精益服务战

时代在变，本源不变。我们一直号召汽车服务行业回归本源，就是希望机构们真正追求服务本身，实现效率与价值的统一。我在行业十数年的顾问经验，其实一直在做的只有一件事情，就是研究汽车服务机构如何做好服务，如何向精细化的大方向发展。我将大量的精力投入到这个行业，并在研究与实践中互相印证，将机构追求服务本身所需要完成的准备和工作结合起来，逐渐形成了"精益服务"的理论体系。这套理论扎根于店铺的改善实践，结合管理学中的一些原理和方法论，自成体系，并在近些年的传播实践中不断完善，产生了大量成功案例。

"以客户满意为中心"是精益服务的核心价值观。这与市场上浮躁的营销学、短平快的管理学形成了鲜明的对比。精益服务是真正站在现代服务业的高度指导服务机构进行改善，并通过一套逻辑和特定的方法逐步实现改善，最终在改善中完成转型并良性循环。

或许只有真正投身于实践，才能挖掘出当前服务机构真正存在的问题。我们发现，当前店铺最突出的问题就是人的问题，将经验型的人才转化为行业的职业经理人，是所有机构的生存之道。人的问题是核心问题，也是个系统问题。只有职业化的经理人，才能站在更高的角度系统思考机构的经营管理之道，才会发现当前服务机构首先要关注客户，而要做到客户满意，需要所有员工的有效执行，当员工的行为能够让客户满意时，客户会带来更多的生意，企业盈利就水到渠成了。

将**经验型人才**转化
为行业**职业经理人**

人的问题是核心问题，也是个系统问题

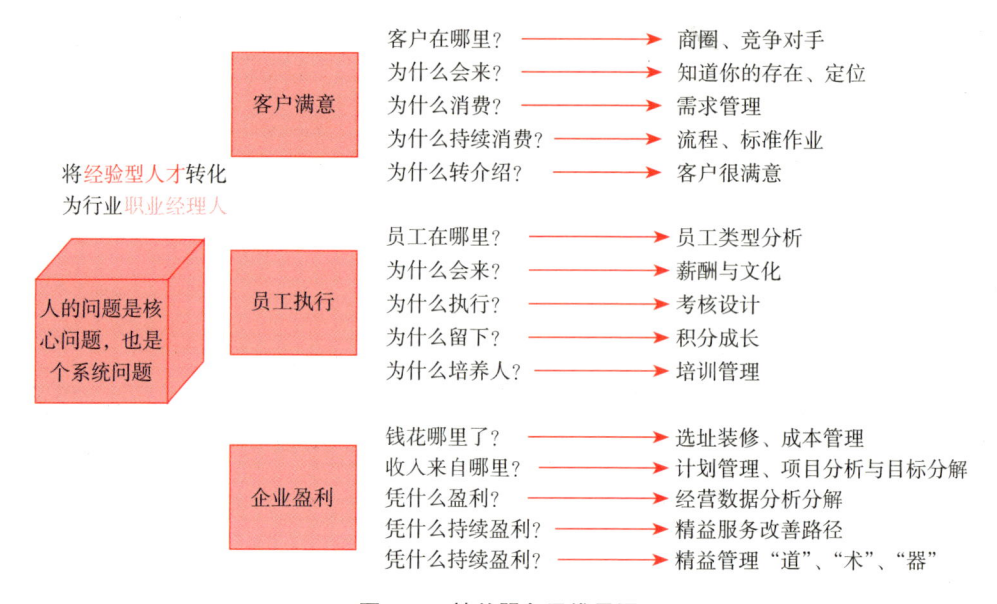

客户满意	客户在哪里？	→	商圈、竞争对手
	为什么会来？	→	知道你的存在、定位
	为什么消费？	→	需求管理
	为什么持续消费？	→	流程、标准作业
	为什么转介绍？	→	客户很满意

员工执行	员工在哪里？	→	员工类型分析
	为什么会来？	→	薪酬与文化
	为什么执行？	→	考核设计
	为什么留下？	→	积分成长
	为什么培养人？	→	培训管理

企业盈利	钱花哪里了？	→	选址装修、成本管理
	收入来自哪里？	→	计划管理、项目分析与目标分解
	凭什么盈利？	→	经营数据分析分解
	凭什么持续盈利？	→	精益服务改善路径
	凭什么持续盈利？	→	精益管理"道"、"术"、"器"

图 0-1 精益服务思维导图

原来，客户、员工、企业三者，虽然各有诉求和利益，但是通过推导发现，只有三者利益重叠的时候，才会三方共同受益并形成循环。三者利益重叠越广泛，能够为三者带来的利益就越大。

前　言
顺应时代的变革

企业：
- 服务效果保证
- 标准化作业水平
- 流程控制的有效性
- 实现财务收益

客户：
- 放心的项目
- 便宜的服务
- 快捷与方便
- 获得满意服务

共享价值：
- 客户利益
- 员工利益
- 企业利益

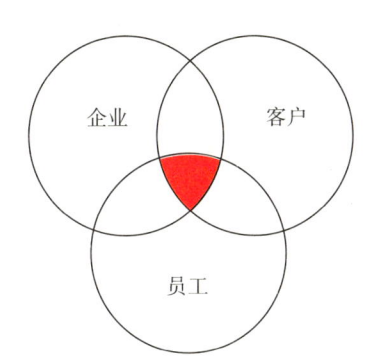

员工：
- 不断学习的人（学什么）
- 技能卓越的人（怎么训练）
- 持续改善的人（如何改善）
- 有成就感的人

图 0-2　企业、客户、员工关系图

明确了客户、员工、企业三者的相互关系，职业化的经理人还有接下来的工作要做。他必然会发现这些问题：客户满意是核心，如何让客户满意呢？

这就涉及：客户在哪里？

客户为什么会来？

客户来了为什么要消费？

客户为什么会持续消费？

怎样才能做到转介绍？

提出问题的目的是为了解决问题，顺着这个思路，他会继续思考，店铺开在这里，最主要的客户就是周边小区的客户存量（包括周边竞争对手手中的客户），可以通过商圈作战，了解周边车辆情况和竞争对手的经营情况，有针对性地制订经营策略。接下来，可以通过商圈启动，让目标客户知道自己店铺的存在。

客户来到店里，可以通过"需求管理"让客户合理消费，并更进一步通过流程和标准作业，解决"用户放心"的问题，让他下一次还能来店里消费。久而久之，他就会很满意，满意了还担心他不转介绍吗？真正感受良好的客户，当然会让更多的朋友知道这里的消费放心、便宜，新的客户就产生啦！努力学习、不断改善的店铺，一定会给客户留下深刻印象，使他们不愿到其他店铺接受服务，这就形成了差异化竞争优势。

您看，在一定的逻辑关系下思考问题，很容易得出合理的结论。实际上，精益服务就是这样一套职业经理人改善问题、进行精益化管理的有力武器，在学会这套方法之后，还需要时常拿出来运用、交流，在店铺运营中持续实施改善。

我们的基本思路是，所有的经营目的都是在客户满意基础上的持续盈利，所有的方法都是循序渐进的改善。虽然精益服务"道""术""器"中"术"的层面有完整的战术集群，每一套战术都能解决一部分店铺的问题，那么，经营者是不是就可以信手拈来、为我所用了呢？

答案是否定的。

这样只关注"术"的运用，结果只能是治标不治本，可能会产生一时的效果，获得业绩的明显提升，但遗憾的是，没有坚持"以客户满意为中心"，不能坚持持续有效改善的方法，就无法实现可持续发展，也都不是精益服务所提倡的。

我所总结的精益服务必须是"道""术""器"三个维度的结合。如果没有真正树立"以客户满意为中心"的核心价值观，经营上再如何进行修修补补，也都是权宜之计，最终要被客户抛弃；但一心"以客户满意为目标"，却无法将价值标准落实到每一项服务和每一条流程中，也是空有其表，无法真正得到用户内心的认可。

时代的巨轮永不停息，服务的时代已经来临，忽悠、过度消费客户的野蛮行径必将被埋进历史的垃圾堆中，真正具有生命力的服务机构，必然是符合"尊重客户、尊重员工、重视管理、标准作业"等精益服务要求的店铺。有人说"好人赚钱的时代来了"，我深表赞同。我研究行业这么多年，现在将自己的研究心得与所有读者分享，并希望借此帮助"好人们"赚到本应该赚到的钱。

大浪淘沙，实践会检验出真正有价值的理论。是追求三天回流现金两百万的昙花一现，还是追求基业长青，永续经营？相信翻阅本书的读者早有答案。

目 录
Contents

第一章 新挑战 新机遇 001

第一节 大数据的启示 003
第二节 分析问题，理出头绪 008
第三节 盈利模式的重新认识 014

第二章 精益服务体系 021

第一节 标准从何而来 023
第二节 基本标准"道""术""器" 025
第三节 精益服务四项原则 060
第四节 持续改善的意识与方法 062

第三章 精益现场管理 065

第一节 现场管理的"七重境界" 067
第二节 PDCA——伟大的循环 075
第三节 定置管理 079
第四节 定时管理 085

001

第四章 流程管理基础 091

第一节　流程管理的基本知识 093
第二节　认识流程，学会编写流程 096
第三节　如何判断流程的优劣 100
第四节　当前行业中流程管理存在的问题及规避 103

第五章 精益改善的三个冲击波 107

第一节　第一冲击波——改善理念，导入精益服务体系 110
第二节　第二冲击波——美容项目的运行标准化 115
第三节　第三冲击波——快修项目的运行标准化 120
第四节　三个冲击波的价值 128

第六章 精益改善的"六步法" 133

第一节　找出并确定关键问题 138
第二节　建立改善小组 141
第三节　对问题进行测量 147
第四节　分析问题，提出改善方案 154
第五节　实施改善方案 162
第六节　控制并防止再发生 165

第七章 进步与提升——黑带进程 171

第一节　精益改善的起点——黄带 174
第二节　建立自我标尺——绿带 178

目 录

第三节　改善的人——红带 **181**
第四节　改善专家——黑带 **184**

第八章　精益服务的发展历史 **189**

第一节　精益汽车服务的起源 **191**
第二节　直面根本问题 **193**
第三节　先驱者的智慧感言 **196**

第九章　行业发展呼唤体系 **201**

第一节　行业的三十年 **204**
第二节　侏儒式的复制及后果 **208**

第一章
新挑战　新机遇

　　时代在变。这个行业的每一位同仁当前都正在经历着大时代的变革。有人茫茫然不知所措，有人病急求医四处问药。这个时候，我们不妨静下心来，或以史为鉴，或借他山之石，于乱局中审时度势。在现在信息爆炸的时代，多如牛毛的信息容易让人迷失，但数据不会说谎。我们就从数据入手，对比过去与现在，对比国内与国外，多维度定位我们行业所处的历史节点。当大家都觉得挑战越来越大时，对另一部分人来说，机遇终于来了！

汽车服务行业在中国大地上已经存在了超过三十年，从无到有，迅速壮大，其历程波澜壮阔，真正可歌可泣。

时至今日，行业的发展出现了胶着状态。以整车厂授权4S店为主导的服务机构，在作业标准、配件供应等方面占据了品牌带来的先天优势。但是，高成本、远距离等劣势逐步显现。随着车龄的增长、新车销售增幅下降，这种模式的发展空间受到了严重威胁，缩减开支、控制成本已经成为这些4S店的每日必修课，4S店的建设速度已经呈负增长趋势。

另一方面，4S店以外的所有服务机构（国际上习惯称之为"独立第三方服务机构"），却由于标准化作业、配件供应等车主信任关系，而迟迟无法打开经营局面。但是，因为靠近社区、运营成本低、洗车黏性高等优势，它们仍然顽强地生存并艰难地发展。

纵观国际汽车售后市场，无一不是由独立第三方服务机构的商业连锁占据绝对市场份额，那么，国内的独立第三方服务机构的生存与发展，路在何方？

第一节　大数据的启示

在互联网时代，数据的统计和分析已经成为决策的重要依据，从大数据中观察行业发展的趋势，可以为未来指明方向。对大数据的运用，同样适用于汽车后市场行业。

一、第一组数据

根据行业多家媒体及咨询机构的调查数据，到 2015 年底，行业各类汽车服务店铺总体数据约 85 万家，总共服务 1.4 亿辆乘用车，平均每一个店铺能够服务的车辆数为不足 165 辆。

平均 165 辆车的服务，根本无法满足一个店铺的基本生存。从这样的数据来看，服务机构的整体产能过剩了！

2014 年的数据显示，在汽车后市场领域，美国拥有 2200 亿美元的市场规模，相当于 7000 亿元人民币的中国市场规模的两倍。平均车龄也是一个非常关键的指标，它直接影响单车消费水平。虽然美国市场平均每店服务车辆为 506 辆，但受平均车龄较高的影响，其单车消费远高于中国市场。

表 1–1 中美门店数量及服务车辆比较

市场	规模	服务门店数	平均车龄	乘用车数量	平均每店
美国	2200 亿美元	50 万家	11.4 年	2.53 亿辆	506 辆
中国	7000 亿元	85 万家	3.8 年	1.4 亿辆	165 辆

过剩的服务产能，落后的门店管理，加上 4S 店的转型竞争加剧，国内汽车服务店铺的生存战已经打响。我们不禁要再问一句：什么样的店铺才能生存下来？

再看看表 1–2 中美国汽车后市场四大零售巨头的相关数据。

按照中国的平均车龄，如果每一个店铺能够为 800 辆车提供相应的基本服务，就可以满足自身的生存与发展，如果是这样，汽车服务市场就只需要 20 万—25 万家店铺。

从 85 万家拼杀到保留 25 万家服务店铺，残酷的淘汰已经开始。活下来，并在市场生存下去，成为每一家服务店铺的当务之急。

表 1-2 美国汽车后市场四大零售巨头相关数据（2014）

企业名称	总收入（亿美元）	总市值（亿美元）	店铺数量	单店（万美元）	DIY	DIFM	雇员数	单店面积（平方米）
Advance Auto Parts（汽车配件公司）	96.9	139.7	5372	180	43	57%	41600	681
AutoZone（汽车地带）	94.72	220.97	5391	175.7	80	20%	76000	607
O'Reilly Automotive（奥莱利汽车零配件公司）	72.16	252.5	4366	165.3	58	42%	67000	711
NAPA（国家汽车零部件协会）	80.97	128.3	6000	120.3	25	75%	67926	不详

注：DIY是指客户只在店铺购买配件或商品，回去自行安装的业务；DIFM则是指客户购买了配件或商品，在店内通过专业技术人员进行安装的业务。

在以上数据中，平均单店收入是进行比较参照的关键。全美汽车后市场50万家各类门店共同分享2200亿美元的市场蛋糕，理论上平均单店收入仅为44万美元。而"四巨头"旗下的平均单店年收入达到120万美元至180万美元不等，为全行业平均收入的3—4倍。这个数据充分说明了连锁企业，特别是优质连锁企业在未来市场占据的优势，是非常明显的。

汽车经销商盈利情况

根据中国行业研究网的数据显示，中国7万家汽车经销商，2014年盈利企业比例为81%，而到了2015年，就只有63%的企业盈利，而其中2.5万家4S级经销商面临的经营压力更大。

乘用车销售增长速度

中汽协年初数据显示，中国乘用车2015年实现2114万辆销售，同比增长7.3%，而预计2016年增速为6%。2009年同比增长40%以后，每年随着保有量基数的持续上升，增速在逐年下降。

由这些数据可知，虽然新车销售增速在下滑，但是绝对数量还保持增长势头，这说明汽车后服务市场规模还会持续扩大。

二、第二组数据

相对美国"四大家"而言，Pep boys（快乐男孩）的具体业务更像中国的汽车服务店。表1-3为美国Pep boys的数据与国内数据进行对比。

表1-3　零售服务店相关运营数据比较

	坪效/月	人均销售/月	人均毛利/月	人均净利/月	单店净利润/月
Pep Boys	901	55020	13585	771	19760（规范）
国内主流平均	350	20000	9000	600	不稳定

通过对上述数据的比较，可以看出，无论是关乎场地租金的坪效比指标，还是关乎人力成本的人效比指标，中国店铺的平均水平与美国同类店铺相比，仍有很大差距。在这种情况下，毛利水平差异（国内的服务毛利明显高于美国）将逐步缩小，而政策及规范方面的差异，是国内店铺短时间无法追赶的，这将长期制约店铺的稳定运营，这种制约还将随着时间的推进而不断放大。

依靠高毛利维持经营收益的状况，在当下竞争激烈的市场环境下，显然是不可能持续的。

再来看看国内店铺对管理运营的关键指标的普遍关注情况（见表1-4）。

表1-4　国内零售服务店对指标的关注情况

指标	营业额指标关注	客户满意指标统计	客户满意指标处理	项目合理性与强化	过程记录
关注程度	100%	10%	10%	20%	8%

表1-4是根据多年的店铺管理顾问调查数据，按照店铺的总数量而言，对营业额、过程记录、项目合理化、客户满意统计及处理等相关指标的关注度，我们不得

不得出上面的结论。而这个结论也直接指出了当前汽车服务业存在的根本问题。

在美国，客户关注的三个主要问题是这样排序的：

（1）便利（到店的方便程度）；

（2）便宜（价格仍是比较关键的要素）；

（3）放心（标准化则是美国最不担心的问题）。

同样的问题，在中国的排序截然相反。

（1）放心：

到4S店是最远的距离，经常需要排队，而且价格很高，但是客户大多数都愿意选择在4S店接受服务。他们要的只是一个放心！

（2）便宜：

价格因素是客户考虑的重要因素。但如果客户不放心，认为店里服务不好，再便宜都没有用。

（3）快捷：

快捷是中国客户的第三考虑因素，尤其是普通车辆客户。

这三个要素的排序，体现了客户需求的优先顺序，只要在经营策略的设计与执行中满足这些需求，就能快速获得客户满意。

三、第三组数据

2015年以来，汽车服务行业格局发生了巨大变化，中国的互联网发展日新月异，并开始渗透到汽车服务行业，呈现出商机无限。这让更多具有强大背景的巨头们开始关注这个具有巨大需求但目前发展仍然落后的市场。他们大规模进入这个行业，使得行业竞争更加激烈，对原有店铺产生了新一轮巨大的冲击（见表1-5）。

表 1-5　有背景的规模投资建设

序号	零部件特许经销商投资建设	整车厂建独立售后网络	4S集团独立售后	电商平台线下连锁
01	博世车联	上汽车享家	和谐汽车	淘气云修
02	海拉	宝马快修中心	中大元通	典典养车
03	德尔福	Quick Lane（福特"快速车道"）	芜湖亚夏	途虎
04	中汽美途	上海通用"车工坊"		

其实，除了这些拥有直接背景的机构，保险公司们也已经通过各种方式参与竞争游戏了。

这些巨头的进入，究竟会带来怎样的冲击？行业发展的核心问题到底是什么呢？

第二节　分析问题，理出头绪

一、直面问题——店铺的七种浪费

无须赘言的是，中国汽车服务门店存在大量问题。就目前店铺运营中表现出来的问题，从客户的角度进行探索，应该更为科学。在美国，1辆普通的中级轿车，保养一次，连机油、机滤、人工成本在内仅20美元，约130元人民币！而在中国，则需要三倍以上的价钱！问题出在哪儿呢？

近年来，通过大量的店铺顾问经验和走访调研，我们逐渐总结出了一套行之有效的店铺管理理论——精益汽车服务。用精益服务的思想，我们很容易将店铺的问题归纳出来。同时我们认为，门店的各类浪费是造成经营问题的根本问题。

解决了浪费问题，就找到了解决根本问题的钥匙。

浪费是指运营作业过程中客户不愿意支付的那部分店铺活动所形成的成本。按照店铺最常见的浪费现象，经过多年的项目经验积累，我们将其做了明确的分类，形成了汽车服务店铺的"七种浪费"。

1. 工位等待浪费

店铺租金是店铺最大的成本支出，长时间的工位等待本身已经造成最大的浪费。工位等待说明了"客户消费数量不够"这个关键问题。尤其是店铺的洗车经常排队，而技术服务工位空置，一方面说明店铺没有很好地梳理服务项目，当前的服务项目并不是客户真正需要的；另一方面说明客户还没有高度接受店铺提供的项目技术服务。

2. 员工等待浪费

员工工资是店铺的第二大成本支出。因为客户消费不充分导致的员工等待，造成了店铺的第二大浪费。

而且在等待中的员工，大多数处在被动的消极等待中，而不是积极主动地开展学习或技术练习，以求得服务水平的不断提升。面对大量的流程改善需求，这种视而不见的等待，不仅消磨服务者的热情，也在消磨客户的消费冲动。

另外，由于安排作业不当、停工待料、品质不良等多种原因，也在造成等待的浪费。

3. 返工或重做所形成的浪费

由于流程控制失效，以及价值定义和理解不一致所导致的返工或重做，已经形成店铺的第三大浪费。在项目的施工作业过程中，任何返工的产生，都会造成人力、物力、场地和时间方面的浪费，如客户的往返、材料和人工损失、客户信心和市场信誉损失等。这种状态非常普遍，而且在店铺目前的管理中，几乎没有得到关注和控制。

4. 供应链管理不善所形成的浪费

供应链管理不善，已经形成店铺的第四大浪费。一方面，由于各种产品的层层代理，导致小规模的零售终端采购产品的价格高居不下，形成成本虚高；另一方面，在生产作业过程中，由于配件供应所形成的错漏、积压、等待或成本过高，正在形成大量的浪费。

尤其是快修项目的展开，对供应商的选择、管理不善，会导致极大的长期潜在浪费。

5. 没有或不遵守作业程序

这种情况目前普遍存在，已经形成第五大浪费。由于没有或不遵守作业程序，导致了技术作业过程的无序，形成在材料消耗、时间等待等多方面的浪费。

6. 库存管理不善所形成的浪费

因为大量的库存会产生不必要的搬运、堆积、放置、防护、找寻等浪费，日常管理、领用，甚至盘点等也需要增加额外的时间，既占用生产空间，浪费人力物力，又占用运营资金，损失管理费用。

随着存储时间增长，物品价值往往会降低，变成呆料、废料，甚至被遗忘。许多店铺没有坚持先进先出的库存基本管理原则，更容易导致库存物流的浪费。

7. 不合理的人员和不增值的动作所形成的浪费

任何对施工作业不增值的人员或设备工具的动作、行为，都在形成浪费。由于流程管理的极端粗放，导致这部分浪费隐藏很深，不容易被发现或感知。

大部分浪费都是隐藏在流程中的，即使是工位等待、人员等待、采购价格虚高这样相对显性的浪费，究其根源，也还是标准化进程不到位的隐性原因所导致的。

精益服务所总结的"七种浪费"，明确了汽车服务机构造成浪费的主次关系，也进一步明确了精益服务体系工作的具体目标。在运营中找出这些浪费的根源，

第一章
新挑战 新机遇

通过改善各个环节的运营方式消除这七种浪费，就能帮助店铺向着精益的方向进行有效改善。

这么多浪费，以"成本＋毛利＝价格"的逻辑关系，隐藏在价格里，由客户去买单，导致问题长期被掩盖。然而，由于竞争的加剧和现在客户的逐步觉醒，他们已经不愿意这样稀里糊涂地买单，这样的店铺将会越来越明显地感受到生存的压力。

二、第一层分析——标准的问题

"七种浪费"中，有明显的主次关系，其中最主要的是等待的浪费，其次是流程管理导致的浪费。分析这些浪费的成因，能够帮助我们找到解决问题的途径。

1. 为什么会出现"双重等待的浪费"？

看到店铺经营不善，我们经常会意识到缺少客户，店铺需要帮助引流。这个概念的混淆，让很多资本在投资上犯了错误。实际上汽车服务店铺往往是洗车客户不断，大量的洗车排队现象随处可见，而选择在店铺做项目的却很少。

我们再来回顾一下前面所叙述的"中国车主的特征"：放心、便宜、快捷。

很显然，严格说来洗车没有什么不放心，洗干净了固然好，洗不干净了指出来，稍稍处理一下也就好了。而做项目，特别是关乎发动机运转的保养项目，客户就顾虑重重。

一方面，由于过去汽车服务店铺对于非刚性需求的项目销售太多，而且大量牟取暴利，已经伤害了客户的信任；另一方面，服务店铺标准化作业的基础太差，加上4S店的反复灌输教育，更增加了车主在第三方独立机构做保养的心理负担。

因此，我们可以得出第一个结论：店铺的生意不好，一定是由于以下两个方面的原因导致的：

（1）项目梳理不够准确，当前主推的服务项目并不是客户必须消费的项目；

（2）店铺的服务技术标准化做得不好，客户对店铺的专业技术不够信任。

为什么"访谈式营销"应运而生？在我们大量的顾问项目中，越来越多的案例证明，上述两个方面是可以被改变的。

无论是西安恒泰还是杭州小拇指的精益服务改善案例，都证明，只要梳理好项目结构，重点突出客户的刚性需求，再加上认真贯彻执行标准化作业，通过访谈式营销，将标准化的快修故事讲给客户听，逐步改变客户的认知，是可以逐步赢得客户"放心"的。

其中最重要的是：说的，一定要和做的一致！

2. 为什么说行业缺乏标准？

我们经常听到业内人士的抱怨：行业缺乏标准，缺少规范。可是，每一个制造商所生产的汽车零部件或者美容装饰产品，都有非常明确的质量标准和施工标准。怎么能说没有标准呢？

准确地说，是因为操作的人缺乏统一的标准衡量，最终导致了产品和施工作业标准没有被执行，使服务结果失去标准。这样造成的后果就是，当一个人参与项目后所形成的项目服务结果，变成了缺乏相应标准控制的产物。

三、第二层分析——人的问题

很显然，标准问题出在人的身上了。会在哪些环节出现人的标准失控的呢？

1. 人才的市场供应问题

行业的人才主要从学校来。2015年，我用了一年的时间，在二十多所中等职业学校、高等职业学校进行调研。对于汽车服务行业，院校培养的都是中等技术人才或高等技术人才。与老师们交流，我发现绝大部分专业课老师不太了解汽车服务的实际情况，缺乏实战经验。虽然部分院校外聘了行业专业老师，但是他们所承担的课程非常有限。再加上专业使用的教材与行业发展进度严重脱节，导致学生们的理解能力和动手能力极差。关于各种标准的理念与坚持，在学校学习的各环节中就已经丢失。

毕业的中职学生到了汽车服务店铺后，几乎只有洗车一条路，没有一家店铺敢于直接让他们进入技术岗位。高职毕业的学生更为尴尬。由于实战经验太少，所谓的"高级诊断"等专业文凭，根本无法满足行业需求。

当他们分散进入行业以后，在这个"社会大染缸"里，缺少关怀，缺少职业规划和学习成长的具体实施计划和督导人，很难能够持续追求和保持职业精神与职业素养，这对他们个人而言是一种伤害，也不利于店铺的长期稳定经营。

2. 人才的进步标准问题

店铺的管理者们每天很关注营业额，对于流程，绝大部分人员听说过，没学过。运用流程？对当前的店长而言，实在是太奢侈了！

人才的进步是如何规划的？

一个技术人才的技术等级如何才能主动提升，并获得认可？

一个管理人才是如何造就的？从技术转岗？从销售转岗？满足什么条件，才适合转岗呢？

当这些重要的基础管理都无人问津的时候，服务质量如何保证？客户怎么能够把专业的信任度给到店铺？技术服务人员和管理人员的"职业化"问题，必须提升到显著的高度加以重视。

行业的发展对人才的供给和持续培养两方面提出了更高的要求，只有满足这些要求，做好人才供应的"产能"准备，店铺的运营才能逐步稳定，行业才能步入良性的发展轨道。

3."带兵"的人在哪里？

学习驾驶汽车，需要掌握的应知应会内容考题有一万多条！我在想，学习驾驭一个汽车服务店铺，这个"未来的管理者"应该掌握多少条"应知应会"？需要经过怎样的考试验证，才能上岗呢？

走访职业院校的一年时间中，一个问题始终困扰着我：行业的管理人才从哪里来？为什么大专院校开设的相关专业都是专业技术类？既没有汽车服务专业营销类学科，也没有专业管理类学科，而其他本科类院校也没有汽车相关的管理专业！

也正因为如此，我给出的建设性意见得到了所走访的每一所院校的高度重视！我们15年的行业顾问工作积累，得到了院校的广泛认可，他们都希望和我们一道着手改善学科设置，改善教材内容，确保汽车服务专业领域的学生毕业后能实现"精准就业"。

我思考的结论是：行业要良性发展，需要黄埔军校，需要培养大量的教官。只有这些秉承"工匠精神"的教官的出现，才能在行业带出好的服务团队，才能真正实现行业的"精益服务"。

行业发展之所以缓慢，其实是人才问题（技术传承）并没有得到足够重视。在行业不断强调配件供应链时，我必须提出"人才供应链"的概念并强调它和配件供应链同等重要，甚至比后者更加重要！要实现大规模服务连锁，必须首先解决人才供应链问题，从全行业供应链发展来看，这是当前最薄弱的一环。

第三节　盈利模式的重新认识

随着行业格局发生的重大改变，盈利模式也发生了巨大改变。

第一章
新挑战 新机遇

一、昔日的盈利模式追溯

1."洗车+商品"的简单商业模式

汽车服务行业走过的三十年,最能持续的就是这种最简单的商业模式,以洗车为基本服务项目,另外代卖一些汽车相关用品。这种商业模式的主要颠覆者是电商。由于电子商务的迅速发展,客户已经不需要到店铺去购买商品了。因为网上的比价暴露了行业的暴利,汽车服务店的汽车用品销售额一泻千里,迅速崩溃,并且给客户留下了店铺牟取暴利的阴影。

2.汽车清洗美容商业模式

早期学习国外的汽车专业美容品牌模式,在这个行业的暴利时代,曾经红极一时。由于在当时并不激烈的商业竞争中快速发展连锁加盟圈钱,也由于各店铺都集中火力做那些"最赚钱"的服务项目,导致今天客户和服务者们对"汽车美容"的扭曲认识。客户被大量忽悠之后,就连大量的基础项目如打蜡、内饰清洗、发动机清洗等也不愿意做了,而店铺已经习惯于做更简单、价格更高的"项目",对于这些真正的美容刚需项目也不屑于做了。

原来一个简单项目可以做到几千元甚至上万元,而现在客户真正需要的服务项目才几十元、上百元。可以看到,行业对服务的理解正在回归理性,但客户与服务者之间大都还处在相持阶段。

3.汽车快速保养商业模式

昔日的AC德科模式、杰菲洛模式其实都是美国市场非常成熟的模式,但这些模式在中国2000年前后的市场状况下都死得很惨。那个时候中国车主需要的只是洗车装潢,保养几无例外都是到4S店。

汽车零售服务模式在当下又进入乱局。一些曾经在中国市场搏杀过一轮的国际品牌又都再次进入中国,国内BAT(百度、阿里、腾讯)们迅速推进"线上线下"或上门保养业务，加上各大主机厂深化售后渠道建设开设的专业保养店等等，市场格局正在受到更大的冲击和影响。

4. 分析与结论

当行业需求呈爆炸式增长，而人力资源供给侧不给力，人才没有系统地培养、输送、管理、指导，出现上述问题是必然的、不可避免的。但是，新型国际品牌的进入与布局、线上价格的冲击，给产品采购降低成本带来了巨大机会，人才供应、产品供应将成为连锁发展的核心元素，必将受到更大的重视。

二、完整的盈利模式

由于互联网的快速发展迅速渗透到汽车服务行业，导致传统的商业模式变得更加复杂。然而，汽车服务这一商业领域具有其特殊性，它受平均车龄、汽车文化等多重因素影响，这导致行业的发展对人力资源的供给产生了高度的依赖性。

1. 人才的供应要全面、基础扎实

在人才供应方面，不能单纯地只供应技术施工人才，大家都知道店长和班组长这些"带人的人"非常关键。所谓"兵头将尾"，这些人将会是行业发展最重要的中坚力量。

（1）扎实的技术功底与坚定的服务理念

国家正在提倡"工匠精神"。什么是"工匠精神"？我认为它是坚定的服务理念与扎实的技术功底相结合，持续追求尽善尽美的一种人生态度。这正是行业当前特别缺乏的精神，也是我们在未来的人才供给、持续培养过程中共同追求的目标。

（2）具备全面技战术素养的管理者供给

我们认为，当前大专院校应该尽快开设行业的专业营销课程和专业管理课程，培养未来的班组长和储备店长，使其能够系统地掌握店铺运行的全部技战术。通过提升管理素养，才能真正解决客户的"放心"问题，才能将学校供给的"好苗子"带出来，成长为新一代的"服务者"。

2. 企业的后续管理是关键

企业一味地要人，给了好的员工又没人持续培养，造成企业的人才梯队断流，这是当前汽车服务业人才问题中最关键的问题。

好的员工来到企业，确实需要专人关照，包括进行成长规划、定期谈话、问题解答，创造一个有利于人才成长的环境。

此外，企业正在实施的管理改善很关键，将新人带进管理改善的环境中，运用他们学到的新知识、新方法，帮助新人在改善小组中有所发挥，这样的契合，就能稳定新人、培养新人，建设良好的人才梯队。

3. 对新形势下商业连锁模式的思考

（1）"核心商业模式"

曾几何时，在行业的暴利时期，盈利模式主要是"洗车+商品+技术服务项目"。谁拿到这个盈利模式，谁经营店铺都能够盈利，对盈利模式的思考，也都只停留在图1–1的中间部分。行业发展到今天这样的状态，这样的盈利模式虽然是不可或缺的，但是仅靠它想要实现连锁扩张是不可能的。

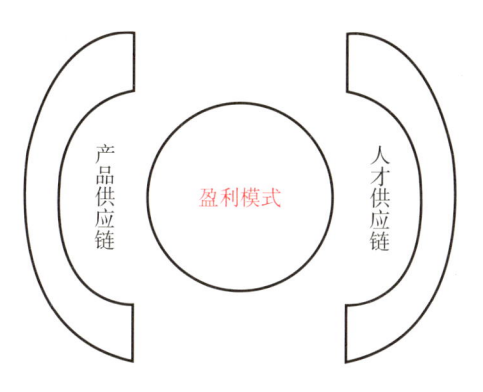

图 1–1　汽车服务连锁商业模式

（2）人才供应链

随着市场竞争的加剧，首先人们意识到的是：竞争的关键在于人才保障。

在连锁机构中，"因一人而活店，因一人而死店"的现象普遍存在。这说明当前的商业连锁根本就还没有锁起来。真正有效的商业连锁，主要是依靠体系的保障作用，个人的影响有，但是绝不至于能决定生死。

另一方面，判断一个成功的商业连锁，还有一个重要的特征：具有完善的人才培养系统。至少包括以下几个方面的内容：

A. 从初期的批量招聘到使用过程都有人监管，提供具体明确的个人成长计划与相对应的指导老师；

B. 培养过程清晰，有阶段考核；

C. 从洗车工的锻炼过程，到美容技师或快修技师的成长，已经成为主流人员的必经之路。**知识存量的储备与整理是关键。**

基于社会配套条件的局限性，许多商业连锁机构都被迫建设自己的培训机构，甚至"管理学院"，至少从表面上看，作为推动连锁发展，这样显得功能齐全。

从专业的角度去看，一个有志于发展商业连锁的机构，应该专注于自己的事业，而职业教育是另一个事业，两者虽然有较高的相关性，但这是两个领域的专业工作。连锁机构需要做好知识管理，正是由于知识管理和学习管理做好了，才保障了连锁各店的运行是在既定的规范状态下的运行。

实际上，从深层次分析，连锁机构分心去建设商学院，虽属于无奈之举，但客观上已经让机构在尚未形成有效规模的时候，就开始多元化，使得本就有限的资源条件被分散，导致对连锁主业的专注与发展受到制约。

（3）产品供应链

对于成熟的连锁商业盈利模式而言，产品供应链已经成为另一项重要基础，尤其是在中国售后市场当前的整合阶段。吸收一个店铺进入连锁体系，通过管理运营带来稳步增长，提供人力资源的供应保障，都还不太可能迅速见效，但强大的采购供应链体系，可以让加盟者迅速产生价格红利，这才是连锁扩张的有效利器。

这样，有了单店运营模式作为核心（主要是成熟的流程体系与标准作用都已经全面规范），有了后续的人力资源保障（主要是在这个过程中的教与学有清晰的知识结构和流程，并已经反复实现），有了具备强大竞争力的产品供应链系统，商业连锁的发展，也就是时间快慢的问题啦！

第二章

精益服务体系

精益服务是集多年店铺管理心得、顾问经验、行业研究于一体,以汽车服务行业为起点形成的一套思想体系,并从"道""术""器"三个层面提出了完整的管理理论和方法。在汽车后市场第三方服务机构正面临转型发展的当下,精益服务将是您的最佳解决方案。

第一节　标准从何而来

1. 标准真的缺失吗？

正如前边提到的，一名司机在驾车上路前，必须经过严格的考试，仅科目一的交通法规考试，题库就有上万条之多。而掌管一个店铺的店长，带领十多人甚至几十人运行一个店，要比一个人驾驶一部车困难得多，责任也更加重大。为什么店长可以不经过任何学习、考试就上岗呢？这个问题曾一直困扰着我，直到我深入门店，才发现答案如此简单：是因为人们对店铺运行指挥工作的认识不足，对这份工作的敬畏心不够所致。标准真的缺失吗？

在汽车服务行业，几乎所有人都在讨论行业标准的缺失问题，但他们忽视的是，产品有标准，施工有规范。说缺乏标准，只是因为缺乏执行标准的人。

标准因人而生，因人而废，如果掌管店铺运营的人心中没有标准，再多的项目标准、产品标准在他们手中都形同虚设；反之，即使店铺没有现成的流程标准，只要管理者有了标准的意识，店铺自身也能够通过运营记录、通过学习考察、通过归纳整理形成标准。

所以，有标准意识，懂得运用、执行标准的人，才是解决标准缺失问题的关键。

2. 标准在于使用

什么是标准？标准以流程管理为基础，在实施流程管理的过程中，对流程的关键节点进行控制的指标就是标准。

从这个意义上讲，行业一直以来都不缺产品标准。而且在项目施工过程中，产品提供方以及服务店铺都磨合积累了一系列标准。问题出现在管理者身上，他们不懂得归类保存，在流程作业（包括项目施工）中不知道运用，造成了标准缺失。

懂得运用标准的人，一方面善于从考察学习中参照标准，也善于从自身业务中提炼标准。从这个角度来看，标准，是被懂得掌握运用标准的人所提炼、创造、运用的控制"标尺"。

3. 建立人的标准

既然运用标准、执行标准的人是解决门店问题的关键，那么如何打造这样的人才，就是行业发展必须面对的问题。

要打造懂得运用标准的人才队伍，对人才本身的标准打造是基础。通过多年的摸索与实践，精益服务体系逐步完善，在这个过程中，人才价值衡量体系应运而生。依托精益服务体系建立人才的学习标准与工作标准，可以让每一个人的学习表现与职业表现，都能够被记载、被叠加、被评价，有了记录与评价，人的标准的建立就有据可依了。

用什么来建立人才标准呢？之前，行业的人才对技术管理的追求都表现为"追求高深，失之基础"，不务实，只务虚。实际上，未来行业需要的是10000次美容项目操作无事故的人，需要的是5000次不同车辆保养无事故的人，需要的是具有工匠精神的、精益求精的人。

当人才以精益服务的体系内容为基础，结合行业共创的不断完善的知识库，共同遵守、建设、完善这个标准体系的时候，就会出现越来越多的、具备"工匠精神"的人才队伍。

很难想象一名驾驭店铺的主管，在不懂计划、不懂商圈作战、不懂营销体系、不懂流程管理、不善于运用标准的状态下，能够将一个汽车服务店铺管理运营好。然而，这样的状况正广泛存在于汽车服务业中。

计划、营销、流程管理……这些都是作为管理者的必要基础，也是作为这个行业管理者的必备技能。如果用开车的原理对上述现象予以定义，几乎所有的管理者都在无照驾驶。

第二节 基本标准"道""术""器"

图 2-1 精益服务系统结构图

一、精益服务的"道"

精益服务让客户用越来越低的成本，享受越来越好的服务！让汽车服务从业人员更有价值地工作，更有尊严地生活！

这里所说的"道"，是服务机构存在的根本价值，是服务机构追求的终极目标。

要做到"让客户用越来越低的成本，享受越来越好的服务"，有以下几方面具体含义：

（1）找出机构在运行过程中的浪费，不断消除浪费，以降低成本；

（2）通过不断扩大规模（或加入大型连锁），直接降低采购成本；

（3）推进标准化作业管理，以提高服务水平。

要"让从业人员有价值地工作，有尊严地生活"，主要从以下两方面加以努力：

（1）让每一位员工的每一次努力都能看得见；

（2）关注他们的工作、学习与技能培养，制订成长规划，形成"关怀员工"的文化。

评价一个服务机构的优劣，既要看它的核心理念，也要看它的日常运营是否在执行并弘扬这个核心理念。这非常重要！通俗地讲，就是机构的运营是将埋头赚钱放在第一位，还是将客户满意放在第一位。而精益服务要求服务机构必须将客户满意放在第一位。从服务行业的发展趋势来看，只有客户越来越满意，生意才会越来越好。

"道"，是每一个汽车服务机构运转的总原则，是在所有的运营管理细节中都能体现这个原则，不能违背这个原则。

在以往十几年的顾问项目中，顾问服务的开始，往往是从帮助机构建立这个"道"开始的。没有这个核心理念，业务梳理无从谈起。

【案例】关于"道"的两类现象

绝大部分店铺都缺乏核心理念作为纲领和指引目标，但是它们还很赚钱。从十几年前我就一直提醒同行们：店铺赚钱，不一定说明店铺经营得好！用今天一句时髦的话说，在风口上，猪都可以飞起来。这和管理运营的功夫水平，没有直接关系。

（1）初级的"道"

十几年来，我的足迹几乎走遍大江南北，在接触的服务项目中，确实有一些机构是把"以客户满意为中心"作为核心理念的，而且由于老板的事事坚持，机构内部也一直在运行这个核心理念，在企业内部已经形成了用核心理念检验一切服务的传承。但是，却没有提炼出来，不太方便弘扬和传播。

我们早期辅导的山东柏年超群，以及西安恒泰等一批优秀企业，也都存在这样的问题。这些企业的创业老板，都有"客户至上"这个"道"，在我们接触的时候，感受到他们的机构运行都一直在体现着这个"道"，其实也就是老板做人做事的标准。虽然客户通过每一次服务都能切身感受到这种价值观的存在，但是由于缺少语言文字的归纳、提炼，不太容易形成便于传播的企业文化。

顾问项目的业务梳理，就是从这个基础点为前提开始的。每一个顾问服务项目，我们都要求和老板讨论这个点，达成共识以后，才会开始对具体项目的指导，因为这是价值观的统一过程。俗话说，道不同，不相为谋。以此为基点出发着手整理的流程规范，才能真正体现以客户利益为中心的核心理念，才能够支撑机构长期有效地发展。

（2）"道"的缺失

当然，我们还是接触了无数的另一类型的老板，在开始沟通核心价值观的过程中，他们显得很不耐烦。他们嫌啰唆，认为应该直奔主题，解决收入问题，解决盈利问题。

后来我们认识到，整个行业中绝大部分创业者正在纠结于"不赚钱怎么持续提供服务？"和"不提供好的服务，怎么能长久赚钱？"这两个命题如何选择呢。看上去好像差不多的两个命题，然而"道"的出发点不同，结果天壤之别。

大部分人的选择是：不管那么多，先赚钱再说！也许他们也想过，赚钱后就能回归服务的本质了。但是一旦形成习惯，尤其是上下协同的习惯意识，就难以改变了。为什么那么多店铺之前都很赚钱，它们也很会赚钱，但是今天却举步维艰呢？

很显然，这是一个创业者价值观的问题。

"道"是检验一切的准则。

正因为上述对"道"的坚持不同，所形成的价值观影响了整个服务机构的发展方向，因此，"道"又是检验服务机构所有战术执行是否正确的标尺。

正因为大量的服务机构忽略了这个以客户满意为核心的"道"，而将赚钱视为机构存在的王道，严重忽视了客户的利益与感受，所以才会面临今天的困境。

还有一种现象也普遍存在：一些新生的服务机构，有核心理念追求，有文化传播方式，但是在实际运行过程中，"道"是"道"，"术"是"术"，之间不相关联甚至相互背离。核心理念是为客户服务至上，然而具体到每一个项目，却执行的是以赚钱为主导。这种情况一般问题出在"术"的层级，具体战术的制订没有遵循"道"的准则，说明创业者脱离了实际运作，疏忽了检查，让自己追求的正确的"道"成了摆设。

"道"，是每一个服务机构还本归源，通过自身的核心业务分析和提炼所得出的核心理念，是必须在所有的经营活动中遵循的道理。具体要实现这个理念和道理，需要有系统的战术和工具作为支撑，才能让这个道理在实践中被一步一步地广泛实现。

精益服务是以客户满意为核心的一套运营保障体系，其主要体现在执行者必须将每一件事、每一项服务、每一条流程、每一个标准执行到位，严格按照尽善尽美的工匠精神要求执行标准，而不是按照某一个经验者的要求执行。这个体系中，"道"已经融入各个战术体系中，成为所有行为的最高原则。

大道至简，如何才能精炼并且有效呢？

二、精益服务的"术"

我们将支撑精益服务"道"的全部战术体系，称为精益服务的"术"，在汽车服务机构主要被概括为四个方面的战术集群。大量的运营实践证明，只要机构全体运行人员有效掌握并运用了这四个方面的战术体系，就能搞好店铺运营，就掌握了未来的竞争优势。

这四个方面的战术集群是：

——标准化作业集群

——访谈式营销集群

——计划与财务集群

——评价与考核集群

1. 标准化作业集群

为什么称为"集群"呢？确切地说，标准化作业涵盖的内容是广泛的，就其本意而言，标准化作业是指每一个人员都严格执行流程，按照作业指导书标准要求展开施工作业。"集群"的"标准化作业"则包含了标准化实施的前提准备、"作业标准"提炼、按照标准实施作业三部分内容。因为要实现标准化作业，需要具备很多相关的先决条件。

在精益生产中，标准化作业是运营计划编制和执行的基础，因为准时交付如果没有标准化作业作为基础，是不可能实现的。

一直以来，第三方机构输给4S机构的根本原因就是缺乏标准化作业。而标准化作业正是推广精益服务的核心所在，是保障精益思想四原则的基本手段。由于人员的不规范，导致了服务项目不规范，在过程中由于对价值的理解不断发生偏差，最终会导致交付时客户不满意。

实施标准化作业有两个重要的基础：

（1）对项目价值准确定义，并在各个相关环节统一认识；

（2）让标准发挥制约作用，保证价值在不同环节流转时不被改变。

有了这两个基础，改善就有了目标。没有标准化作业，改善就无从谈起。所以，标准化作业是改善的根本前提，也是汽车服务全行业改善过程中必须坚持的关键所在。

根据前期基础、作业标准提炼和标准化作业实施三方面内容，在这里用以下几个常用方法进一步阐述。

A. 现场管理

现场管理，是实施标准化作业的前提，属于前期准备范畴。在导入精益服务的第一时间，对现场管理的改善就已经开始全面实施了。精益服务提倡使用5S管理结合定置管理、目视管理等相关方法，按照"现场管理七重境界"的要求逐步推动，分阶段推进现场管理的水平，为实施标准化作业打好基础。后续有独立章节详细阐述。

B. 流程管理

流程管理是作业标准化的基本方法。要实现标准化作业，业务流程的梳理、规范，特别是找出每一条相关流程的价值点，结合流程管理八要素的逐步体验，确保流程实施的有效性，是标准化作业实现的又一重要保证。流程管理本身就是标准化作业管理的主要构成部分。

一个机构的流程水平，直接代表了这个机构对行业的理解水平和能够提供的实际服务水平。关于流程管理，后面有独立章节叙述。

C. 作业标准

在标准化作业管理中，作业标准有两个方面的定义：a. 业务流程标准；b. 作业指导书标准。

要实施标准化作业，必须首先在对业务原理精通的前提下，设计业务流程

（包括作业指导书），并根据对服务项目"价值"的理解，设计相关执行标准，形成"具有控制力的流程"。

这里的作业标准，主要指服务机构根据每一项服务项目的价值定义，将相关控制标准在流程中明确出来，以便执行者在实施中确保价值流动的一致性。

作业指导书是流程的最基本表现，也是技师实施技术服务的流程文件，正是由于价值点的追求，每一个项目的作业指导书中的标准，也随着价值点的实现条件而相应界定出来，形成这项作业的执行标准。

D. 作业 K-H

KNOW-HOW（简称K-H），通常是指所有岗位从业人员的"应知应会"。

由于前面叙述的行业三十年状况，独立第三方售后服务机构从业人员的"应知应会"掌握不够扎实，对流程规范的基础理解相差甚远，甚至对基本的材料配件所具备的功能还比较陌生，因此，对K-H的提炼以及要求相关人员补充大量知识，是快速改善服务水平、提升业绩的有效途径之一。

这些K-H主要是指围绕着每一项技术操作项目，技师们必须掌握的各种专业知识、产品知识和行业知识等。对这些K-H的收集、整理所形成的专业知识库，方便技师的培训、学习、考试，有利于专业知识的快速传授，提升机构的整体服务水平。

K-H的提炼与准备，本身就代表了这个机构对行业和市场的认知水平，更代表了对其中每一项技术的理解与掌握程度。

很显然，这些作业K-H具有非常宝贵的价值。但是，别人总结编写出来的，并非直接拿过来就好用。直接借鉴当然是一条主要捷径，但是我想提醒的是：借鉴的人不要忽视了其中的消化过程，关键是形成属于自己的知识存量。

E. 技术通报

技术积累问题是每次顾问服务都会涉及的问题。和某汽车服务机构团队讨论的时候，又提到技术积累的问题，我提出使用技术通报的方式，它能够将同样的问题对店铺产生的重复影响进行排除，减少浪费。

技术通报是指对服务项目技术施工过程中的问题点、新发现所做的记载，形成信息文件并传递给其他的人员或店铺，以便让其他同类机构能够节省时间、规避损失，起到共同学习、共同实践、共同进步的作用。

该服务团队表示他们曾经使用过这种类似的方法，但是没有能够坚持下来。是没有尝到坚持做下去的甜头，还是执行的方法需要改进？或许，这就是一个黑带人员需要解决的问题啦！

相当一部分技术通报的内容可以被积累成为作业K-H，技术通报可以说是一个服务机构最主要的技术资源积累途径，必须坚持。

F. PDCA运用

PDCA循环，又称为"质量环"或"戴明环"，是管理学中的一个通用模型，最早由休哈特于1930年提出构想，后来被美国质量管理专家戴明博士在1950年再度挖掘出来，并以广泛运用于持续改善产品与服务质量而闻名世界。

其中：

P（Plan）计划：是指根据需要展开的工作任务所制订的详细行动方案，主要是为了明确工作目标，指导工作方法；

D（Do）执行：是指根据计划的具体要求实现任务目标的过程；

C（Check）检查：是指按照计划执行的具体要求，对进度、工作效果进行的检查，以保证目标准确实现；

A（Action）评审：是指根据检查记录以及过程中发生的问题，将执行结果与计划目标达到标准进行核对，做出结论与奖罚。

PDCA根据工作事项重复出现的特征，一方面强调针对本次解决问题的方法，需要认真地将这四个步骤展开，以保证目标实现；另一方面强调，当事物下次出现的时候，通过上一次的总结评审，力求使对问题的处理水平有所提高，以达到更好的工作效果。随着工作任务的重复出现，PDCA也就被反复使用，所以称为PDCA循环。

PDCA是解决问题、逐步提高工作水平的有效方法，所以，也是每一位管理者最为基础的"必修课"。

PDCA循环的原理很简单，关键是管理者必须养成将工作分解为四个步骤的习惯，一旦习惯于将工作按照PDCA每一个步骤分开执行，工作的效果就一定会随着重复的次数获得逐步提高。

PDCA合起来是一个名词，其实分开来每一个名词都包含着具体的工作技巧与工作标准，所以管理者不能只是学会了这个名词，而应该在每一个具体步骤上下功夫，提高每一个步骤的工作水平，那么管理工作就会得心应手。

2. 访谈式营销集群

《访谈式营销》在2015年已经由现代教育出版社正式出版，也被部分国家中高职院校作为汽车服务专业营销的校本教材。访谈式营销是一种非常独特的营销方式，它以客户管理为基础，强调通过访谈关注客户问题，与客户共同学习、消化问题，与客户共同掌握解决方案。通过前面的两个步骤铺垫，通过与客户的共知共享，从而逐步帮助客户认知必要的服务项目，并且选择消费。

共知共享，是访谈式营销的关键。

访谈式营销集群主要包括以下几个方面的规范。

A. 商圈作战

商圈作战，主要目的是为了帮助店铺运营管理者掌握：a. 客户在哪里？ b. 竞争对手在做什么？准确掌握这些信息，可以掌握店铺"潜在客户存量"，制订有针对性的市场活动计划和内部运营管理计划，通过差异化的策略提升店铺竞争力。详见《车业服务店铺经营管理指南》。

B. 项目立项管理

项目立项管理是大多数店铺都忽略的问题。为什么会将这个问题放在营销集群中来论述呢？在精益服务体系中，我们将项目立项管理看成是营销的一部分，是访谈式营销的必备前提。在过去的顾问业务中，面对每一个机构的管理改善，在进行商圈作战的同时，都需要对项目进行立项重审。

立项管理，意味着对项目进行重新梳理审查，需要从项目所依托的产品性能、采购价格、组合方式、项目销售价格等多方面进行定义，并且需要让参与项目的各个岗位都参加这个过程，熟悉项目服务流程的每一个步骤，以确保在每一个步骤的执行过程中，该项目的价值不会被改变。

在精益服务四原则中，对价值流动及价值流动过程中发生变化的现象进行了规范，而项目的立项管理，就是这精益四原则的具体运用与展开，是标准化服务的有力保障武器。

C. 营销K-H

营销K-H，主要是指围绕着营销人员（CM）的工作技能提升而必须掌握的与产品部件、市场文化、行业文化相关联的基础知识。如果一名营销人员对于一个配件的所在部位、基本功能、生命周期、相关影响都不知道，对于竞争对手所设计的种种欺诈行为无法辨别，是很难说服客户在自己服务的店铺中进行相关消费的。

营销K-H是对每一种产品、每一种部件以及每一种相关的社会现象的归纳、整理、收集。这些K-H的收集、整理所形成的知识库，方便对CM进行培训、学习、考试，有利于专业知识的快速传授，提升店铺整体服务水平。

这一做法的基本原理在于：CM对客户讲解的不是他们个人的认识，而是服务机构对这些问题的认识，这样，专业知识的传播口径就统一起来了。

营销K-H的掌握与运用，是访谈式营销一阶水平的显著特征。

第二章
精益服务体系

D. 点检记录与运用

点检，本身就可以构成一项客户所需要的服务项目——让客户准确地掌握车辆的运行状况及相关数据，放心地使用车辆。

但是对于以洗车作为主要集客手段的汽车服务店铺而言，点检还有着非常重要的价值，就是帮助营销人员（CM）关注客户车辆状况，通过车辆点检，将车辆的状况清晰地反映出来，形成《点检记录》，并且以点检记录为工具，和客户共享这些记录信息（车辆当前的准确状态）。这种与客户共识的保持，将形成客户快修需求产生后的第一选择意向。

点检记录，是通过实施点检作业，将规定的各项检查数据记录下来的记录结果，是与客户对车辆使用状况共知共享的先决条件。因此，点检结果需要像医院的X光检查或CT扫描一样准确记录，它是CM实施访谈的重要工具。客户在CM的帮助下通过对点检记录的共知共享，要达成以下几点认识：

（1）帮助客户建立正确的车辆使用认知；

（2）每一类易损件的运行原理和具体更换周期（应该是怎样的）；

（3）当前客户车辆每一类易损件的工作状况与磨损状况（现在是怎样的）。

客户需要保持对这些常规易损件运转状况的准确了解，才能安全地使用车辆。在这方面，谁教会他们这些知识，到需要更换时他们就会去找谁。而点检表和运用点检表与客户之间的共享学习，是帮助客户准确认知的有效方法，只有对点检这一服务项目的高度重视，才能为访谈式营销提供有力武器。点检记录以及运用已经成为访谈式营销二阶水平的典型特征。

E. 网箱管理

网箱管理，是运用访谈式营销以及台账管理等综合手段，进行客户分批、专人定向管理，实现客户消费转化和客户资源有序开发的一种技术方法，是访谈式营销三阶水平的典型特征。网箱管理的基本原理与实施办法，在《访谈式营销》

一书中，已经有详细描述。

F. 促销常态化

促销常态化，是访谈式营销系列战术理论当中的一部分。促销，顾名思义是为了促进消费。但是促销的含义绝不是表面上的促进消费——多卖一点货。准确地说，促销的目的不是为了"这次促销"能多卖一点货，而是为了在今后的业务中持续增加销售量。所以，促销的核心落脚点是客户的体验与沟通，帮助客户加深对促销产品项目的理解和认知，以便客户在今后能够保持对项目的稳定消费。

如果促销的目的被定义为大量地获得资金回流，就会过度消耗"客户存量"，甚至伤害客户，是持续经营的大忌！

促销常态化的基本含义，是通过一些促销手段，吸引客户到场，增加促销项目的体验和定向沟通机会，帮助客户深入理解这些项目的正确消费理念，从而持续消费这些项目。而这样的活动应该常态化，相对定期地实施。

3. 计划与财务集群

计划与财务集群主要是以计划管理为主线所展开的经营过程管理，以及科学严密的财务核算管理。目标确定与计划制订形成整个经营过程的指导和检查，并用财务管理的手段，对过程进行跟踪、反映、分析、控制。

每一位管理者对计划的认识都不一样。计划包含了一个服务机构对汽车服务本身的全部理解：包括对每一个技术服务项目的理解，包括对客户需求的理解，包括对可能犯的各种错误的理解。只有包含了这些内容的运营计划，才是有效的计划。

包含了上述要素的计划，是一种详细的工作指令，是管理者检查工作的有效依据，也是管理者对工作实施控制的重要手段。

然而，行业整体的计划工作水平还处在非常低级的运行阶段，对计划有效性的广泛认知还不够，对计划的指导作用、检查作用、控制作用几乎没有认知、运用和体现。但是，通过深入学习"计划的功夫"后，每一名管理者都将充分认识到计划的重要性。这是每一名管理者都必须掌握的管理技能，缺少了"计划的功夫"，管理工作几乎是一筹莫展。

计划与财务集群主要包括以下几个方面的规范。

A. 经营目标制订

经营目标的制订，是需要按照科学的方法来进行的。许多店铺的经营目标，都是根据以往的数据经验，参考行业走势，上升或下降某个百分比，以此来确定年度经营目标或调整月度经营目标的。

一位出色的经营者，关键在于发现机遇、创造机遇，提高所有资产的运营效率。这些机遇就是能够通过改善获得提高的项目。当机遇出现的时候，把握好这些机遇，充分评估这些项目的改善将对经营成果所产生的影响幅度，这是制订计划目标的重要因素。

精益服务的改善可以说是店铺获得竞争优势的一个重大机遇，它将对店铺的营业额产生什么样的影响呢？可能有的店铺会认为是一种负担，它们还没有从改善中感受到巨大的机遇。而在精益服务黑带研修班，或者在我们曾经服务过的机构，当我们讲到"店铺营业额提升原理图"的时候，店长和主管们是专注和期待的，因为他们亲身感受到通过精益服务的改善，店铺在他们手上是如何完成营业额"T"形图的上升过程。这种亲历改善的过程带给他们更多的信心去持续贯彻精益服务的理念，不断进行改善。

另外，市场反应非常好的新项目，以及部分经过梳理改良重新推出的老项目等都是可以把握的改善与运用的机遇。

目标的确定不是简单地用推导思维来进行的，而是通过跳跃思维加推导思维，形成了年度目标或阶段目标的。在精益服务体系中，目标的确定已经成为一套很重要的方法，并形成了专门的黑带课程。

B. 年度经营计划

年度经营计划的编制，是行业目前的一大软肋。计划的编制，一定是在对业务的精通、对产品项目的精通、对客户需求的精准掌握以及对年度重大改善项目的推进的前提下进行的。一份年度经营管理计划会由于这四方面的不同而产生差距，进而导致各机构的计划的有效性产生天壤之别。

年度经营计划的编制需要从目标界定开始，经过从上到下、从下到上的不断反复的几个过程（对改善项目的推进与预期）。年度计划的编制，一直是我们实施精益服务顾问业务的主导部分。通过对计划的编制，我们得以深入了解店铺对业务、对客户、对人员、对技术技能的实际掌握情况，和他们一起在这些方面找到改善的突破点，确定未来的客户满意状况，以及客户的新需求。只有做了这些工作，才能筛选出合理的重点产品项目，有针对性地做出有效的营业计划和管理改善计划。

年度计划应该是一份数据计划，通过配套文字进一步详细说明计划。

年度计划最好翔实到能够形成各项预算与之配套。

每次顾问服务的过程，几乎都是围绕着计划的编制、计划的执行、计划执行过程的考核进行的。服务一个机构，带动一批管理人员。每一个顾问项目实施单位的管理人员，都非常珍惜与顾问共同工作的机会。通过计划体系的学习与推进，他们都意识到自身的管理素养得到了大幅度提升，不同程度地发现改善机会，并将改善看成是计划改进的主要手段。

C. 月度经营计划

月度经营计划主要是对年度经营计划的具体实施、分析确定、节奏调整等。月度计划执行情况分析，是月度经营分析会的基础资料，针对年度计划的执行进度进行校准，针对经营项目实施效果进行分析，做出改善计划，针对当前发现的新项目、新机遇进行有效把握，并对年度计划的实施进度进行调整，以便保证年度计划的有效推进。

月度计划是全年计划的过程分解计划，以月为单位执行全年计划，将月度计划当成全年计划执行过程检查的一个个重要节点，只有每个月执行的计划能够有效完成，或在调整后有效完成，年度计划才具有真实意义。

阶段性管理方针是月度计划的重要内容，通过阶段性经营管理问题的有效改善，月度计划才有了更为积极的意义。

月度计划总结会是年度计划全程过程中的加油站，对阶段执行情况进行分析、奖惩，对出现的偏差进行纠正，将有力地保障年度经营计划的精准实现。

D. 检查与总结

检查与总结，是PDCA循环中一个重要的步骤。之所以单列出来，是因为它针对汽车服务行业的现状需求。

业界管理者普遍缺乏检查工作的习惯，因此员工素质的改善非常缓慢。管理者通过不断检查工作，发现不足（包括执行技能不足、粗心大意等），并予以及时纠正，才使得服务机构的运行水平持续提高。这种反复进行的检查与纠正，就是提升整体管理水平、训练员工的关键方法。

精益服务提倡员工的培训与训练主要应该依靠管理者自己来进行，原因就在于只有管理者每天通过不断检查工作、发现不足，才知道针对员工应该做什么样的培训与训练。而业界管理者缺乏检查工作的习惯，既无法及时在工作中纠正问题，又不能及时准确地发现问题，在培训中令员工得到改善。

在管理运营中，许多管理者都说考核难做。这只是看到了问题的表面。考核困难是因为缺少检查工作的详细记录，到总结考核的时候，无法准确地对员工的目标实现状况及行为过程进行评判。

另一方面，之所以管理人员没有养成检查工作的习惯，又是因为行业管理者普遍不重视计划。如果没有详细的计划目标，并且配之以执行过程的详细要求，检查工作就失去了参照。在这个问题上，从计划开始，一环扣一环，计划没有做好，执行缺乏参照；检查缺乏参照；总结就没有依据，工作就只能停留在原有水平上，无法进步。

精益服务对总结提出了要求：首先需要有检查记录和目标实现状况记录；其次强调奖罚，倒不一定是奖励或惩罚，应该根据执行状况进行表扬或批评，如果情况比较突出，就需要进行奖励或惩处了。

E. 会议与培训

这里所指的是针对计划执行过程中，各个环节担当者们对计划执行进度、标准、技能缺失等多方面的状况进行对照沟通。主要目的是对照现状、发现问题、发出改善指令。

还记得计划的重要形式吗？一份数据结构计划，一份文字的策略描述计划。培训会议所依托的资料主要是对那份文字描述计划部分的执行方式、执行状态以及需要做出的改变的调整与讨论；还需要包括一些有计划有组织的、由厂家提供的产品技术培训。

我们建议那些实施精益服务的机构，提前准备好大量的"应知应会"供员工自学，店铺只需要掌握考题，对员工的学习状况、学习进度、掌握程度加以要求、督促，即可快速提升员工的服务意识与服务技能。大量的"应知应会"，实际上是服务机构在流程标准规范的前提下，对每一个岗位的基本技能与知识掌握的要求，所谓问题，也就是发现执行者在这些方面所掌握的知识技能不能符合流程标准的要求。针对这些问题进行培训，帮助执行者掌握应有的技能标准，是解决问题的关键。

实施培训就一定要考试，如果没有考试，培训的效果往往流于形式。精益服务在机构改善的基础上，为大家提供了"学以致用"系统的行业学习管理平台，以帮助服务机构的管理人员、工作人员根据自身的项目推进，整理并补充这些

"应知应会"，形成学习文本和考试题目，让行业彻底解决员工培训难的问题，而且"智学"平台将所有的培训都在每一位执行者和受训者的 ID 上进行有关学习、考试的详细记录。

当店铺管理者掌握了全部的管理技术，而且掌握了各类知识、各个阶段的考试方式后，员工的自我学习与改善分享将成为主流形式，而这些才是店铺最有价值的"活力"。

F. 日清日结

日清日结的管理概念，在中国是因海尔公司运用成功而一举成名的，它是 PDCA 循环在每一天工作结束时进行总结的一种形式。其本意就是当天的工作必须当天完成，"清"指的是"清理"，意思是回顾一下当天的工作是否都完成了；"结"指的是"盘点""结算"，意思是将当天需要反映工作情况的相关记录、表单填写清楚、核对清楚后，才能真正结束一天的工作。

日清日结也是管理者必须养成，并且要求每一个员工养成的好习惯，是敬业的具体表现。可以这样定义：只有每天做好日清日结的员工，才是认真负责的员工。

在财务方面，日清日结主要体现在凭证准确核对、账务及时录入等方面；对于仓管和营销而言，日清日结主要是指每天对货物做出盘点，保证账、表、实物准确无误；针对作业员工而言，日清日结主要指当天的工作量需要统计清楚，该完成的业务表单必须做完。

许多管理者都觉得每一个月的盘点工作非常烦心，主要是因为没有做好日清日结，如果各岗位都能做到日清日结，盘点就非常简单了。日清日结就相当于一个月当中每天都在盘点，就不至于将所有的核对工作，都等到月底重新搞一遍。

管理者运用日清日结的工作要求，对各岗位员工每天的工作进行规范要求，养成好习惯，久而久之工作就能逐步理顺。这一工作方法，可是海尔公司早期一战成名的管理法宝之一啊！

4. 评价与考核集群

评价与考核，是推行精益服务改革的必备措施，也是所有服务机构必须做的阶段性成果评价活动。

这部分工作的重要性，相信每一个机构的所有者都能意识到。然而，往往由于对计划的理解运用能力不足，导致管理考核无法有效展开。如果没有计划，特别是如果没有改善提高计划，检查就失去了依据，考核也就没有依据，管理运营工作就永远无法有效展开；而即使有计划，但是由于计划做得太过粗略，也必将导致过程指标的可变空间巨大，指标涵盖范围太广，随便如何解释都能过得去，检查与考核还是无法有效展开。

有些服务机构将营业额的提升都寄托在营销人员身上，拼命要求他们每一个人增加销售额的考核，这是非常可怕的，长期下来必然是无效的。

考核与计划之间是紧密关联的，计划制订得越详细，考核就越能够有的放矢。许多店铺只针对每月的经营业绩进行考核，这种考核对改善经营几乎没有帮助，毫无价值。考核需要针对那些数字背后的经营或改善策略、保障要求、标准细节执行情况进行，而且考核的要领是：形成的指标必须是分解到位的，令人无法回避的。

要做好评价与考核，需要通过以下几个方面的规范来实现。

A. 流程标准化

目前各店铺或多或少都有一些运行流程，但是流程总是无法保证服务效果的一致性，从而导致流程普遍失效。其中的主要原因是，在流程运用过程中缺少对输出结果的价值分析，导致过程中标准的失效。这些所谓的流程，实际上只是"运行步骤"，根本算不上流程。可怕的是这种状况长期以来并没有受到足够的重视。

流程标准化是标准化作业的关键部分，主要是将流程重要步骤的细节要求

（分析价值点所形成的控制标准）固定下来，便于操作者在执行中仔细遵守，管理者在执行中对照检查，并成为考核的依据。

管理者们需要将机构运营流程中的关键步骤——重要的流程节点形成控制标准，促使相关执行人对这些节点产生重视、关注、监控，从而保证流程实施的应有效果。这个举措在精益服务体系中称为流程标准化。

B. 过程数据化

对每一条流程的价值点进行分析，所得到的控制标准，一方面需要用文字描述，但仅此还是不够。只有用数据准确定义价值点，定义标准，才能够被有效地执行。

过程数据化，是实施精益服务必须做到的。只有准确定义数据标准，并且关注和对照过程中的数据变化，才能准确掌握价值发生的偏差，才能感受技术水平、服务水平的进步，才能朝着尽善尽美的终极目标迈进。这是依次递进，环环相扣的。

如果不关注数据，或者说不关注与服务本质相关的数据，就不可能获得实质性的进步。

汽车服务行业的服务机构在过程数据化方面存在着巨大的缺陷，由于这个原因，导致了大量的流程失效，客户的信任无法有效持续。客户一直在躲避面对普通店铺的服务，而忍痛以过高的价格选择相对更有保障的汽车4S机构为自己提供服务，根本原因就在这里。

强调过程数据化，主要是对标准的量化，在执行过程中对这些量化的标准不断刷新，形成动态的有效改善，促进管理水平（流程有效性）不断进步。

C. 薪酬体系

薪酬体系是指界定每一位服务者在店铺所完成的总体服务价值中的个人价值的一套方法。所有人员的薪酬回报，形成了薪酬系统。因此，这个系统必须是合理的，才能支持店铺持续稳定的发展。

然而，由于一直以来服务店铺是以现金回流为核心的，在实际运营中更多关注的是接单销售，销售人员得到了最大的利益回报，而不是具体担当技术作业的技师。就像一场篮球赛，如果总是奖励那些投篮得分的人，久而久之就不会有人积极防守，就不会有抢断、助攻，最后也就无篮可投了。现在的汽车服务店，正是由于这个中心的错位，导致大多数店铺出现大量无单可做的等待现象，造成了店铺的浪费。

如果汽车服务店铺再不把核心分配合理化，转向以提供技术服务的关键技术人才为根本考虑，店铺最终也将无单可做。

因此，评价与考核是由店铺投资人或管理者的价值观来确定的，也直接受到店铺服务所遵从的"道"的影响。店铺是以客户满意为中心，还是以现金回流为中心，选择不同，在分配机制上将会产生极大的差别，这对店铺今后的经营走向起着决定性作用。

读到这里，不妨问问自己：我将如何决定机构的薪酬体系导向呢？

我会用多长时间，将薪酬体系改善到能够"以客户满意为中心"的体系匹配状态呢？

D. 资质体系

与薪酬体系相关联的是管理与技术人员的资质体系。每一位精益服务执行者应该追求的是精湛的管理技能与服务技能，从千次万次服务过程中淬炼技艺，使自己的服务技能炉火纯青，才能保证每一项服务尽善尽美。而对每一位执行者的技能水平进行承载的系统，称为"资质体系"。

每一位汽车服务的工作者每天的工作，必须是以创造价值为前提的，不创造价值的行为就是浪费，要予以消除。因此，每一位服务人员本身的价值，是由他（她）每天的具体工作的积累所形成的。因此，在精益服务体系中，我们不仅要关注每一位从业人员的"经验值",更要关注每一个人的"贡献值",强调记录就是进一步强化将"贡献值"作为主要分配依据。

推动精益服务的传统方式依靠的是"八张表格",用于详细记载每一位服务者的服务过程,用于判断这些过程的价值有效性。随着互联网时代的来临,精益服务的创立者们运用互联网技术,改良了这"八张表格",运用互联网工具,形成了精益服务"智学"和"智用"合二为一的"学以致用"系统。

"学以致用"系统构建了最强大的个人资质体系与机构资质体系。将来,服务机构只要掌握了这一系统的运行原理,就能够轻松评价每一位员工。

E. 荣誉体系

一场NBA(美国职业篮球联赛的英文缩写)的比赛之所以好看,是因为NBA的完美规则,将一群天赋极强,但也是个性极强的高手聚集在一起,实现完美配合,打出精彩、好看的比赛。这其中,不仅投篮得分的选手受到奖励关注,每一次抢断,每一次防守,每一次助攻,都受到了高度重视,得到了充分的价值肯定,这使得每一位球员都能得到属于自己的荣誉。

而一个汽车服务机构,每一天都如同一场NBA的比赛。在洗车、等待、接待、操作的整个过程中,每一个岗位,包括专职做卫生的人员,都至关重要,都应该可以通过自己的贡献值得到属于自己的荣誉。然而,我们缺少这样的规则。只有将每一个人的所有贡献值都体现出来,才能让每一个岗位的精彩体现出来,从而造就不同岗位的服务明星。相反,也正因为评价体系的问题,导致并非"所有的努力都看得见",对人们的积极性、创造力产生了巨大的杀伤力。

根据这个基本原理,在精益服务人才价值积累系统中,我们不仅建设了人才价值积累这一平台,还专门配套了"人才荣誉系统"。"人才荣誉系统"将以精益服务为核心,给那些做得出色的岗位,包括技师岗位、后勤服务岗位,有机会讲述他们的"精益故事",将目光的关注、将精彩的机会给予每一位服务者。只有这样，才能真正做好精益汽车服务。而我们已经开始了这些基础建设工作。

"学以致用"系统将形成大量的个人服务记载与机构服务记载，通过这些记载，促使店铺赋予在各自岗位上勤奋努力、创造价值的服务者足够的回报、足够的荣誉、足够的尊严，讲述他们的故事，从而激发每一个人的创造力。

F. 考核与面谈

管理考核是每一个企业都必须面对的管理工作，但是绝大多数企业都觉得这项工作非常棘手。因为考核决定分配，而分配又决定员工的动力，搞不好就会影响员工的工作情绪，导致管理运营复杂化。

前面提到了做好考核的前提，其一是计划对目标和过程要点的明确规定，其二是过程检查记录必须详尽。有了这两个基础，管理考核就可以顺利进行。

许多公司每一个月都进行管理考核，发完工资、奖金后，这项工作就结束了。殊不知您也许遗漏了最重要的一环，就是绩效面谈。通过考核以后发放的工资、奖金，与每一位工作人员的心理期许，一定是有所出入的，这就构成了许多机构员工活力不足的关键问题。

其实，总体而言每一位员工都是讲道理的，他们的想法也许有道理，也许没有道理，但是怎样才能让他们有机会表达出来呢？如果管理者没有给他们这个机会，他们短时间内也许会憋着不说，到一定程度就会爆发。因此，这就体现出绩效面谈的工作价值啦！

管理者不能怕麻烦，管理工作本身就是不断解决麻烦的，而绩效面谈就是管理者直面问题、及时处理问题的有效方法。要告知员工，一个月下来表现好的是什么，表现不足的有哪些，帮助他们找到正确的方向。如果奖励了，一定要告诉他们为什么而奖励；如果处罚了，也需要告知他们为什么会被处罚，让他们明确地知道，并且有及时申诉的机会。

这个工作看起来比较麻烦，其实从长远来看，这正是在消除"大麻烦"。许多员工流失，都是由于对薪酬和奖罚产生不满。但是，如果管理者能及时面对，对于正确的考评，就向当事人讲明道理；对于员工反映的正确意见，就做出相应的调整，这样，问题就得到了及时的化解，管理运营工作就能正常运行。可是，在当今的业界，"异常"实在太多了。

我们将以上所有的战术集合统称为精益服务的"术"。

表 2-1　精益服务战术集群

标准化作业集群	访谈式营销集群	计划与财务集群	评价与考核集群
A. 现场管理	A. 商圈作战	A. 经营目标制订	A. 流程标准化
B. 流程管理	B. 项目立项管理	B. 年度经营计划	B. 过程数据化
C. 作业标准	C. 营销K–H	C. 月度经营计划	C. 薪酬体系
D. 作业K–H	D. 点检记录与运用	D. 检查与总结	D. 资质体系
E. 技术通报	E. 网箱管理	E. 会议与培训	E. 荣誉体系
F. PDCA运用	F. 促销常态化	F. 日清日结	F. 考核与面谈

这些战术名称所涵盖的流程与标准，是支撑精益服务理念的具体内容，也是精益服务理念的具体展开和表现。当然，只具有这些是不够的，因为这些战术如果不能落实到"器"的层面，往往容易走过场而没有结果。

三、精益服务的"器"

确切地说，精益服务的"器"，主要指每一项战术流程所涉及的几个关键表单，也就是能够帮助这些战术有效执行的工具。在精益服务推行过程中，我们将非常注重的核心表单简称为"八张表格"。

"学以致用"系统的建设与使用，将成为承载精益服务知识系统的实施运用的系统工具。有了这样一个强大的工具，实施精益改善，将从学习、运用、改善、记录、评价等多方面对店铺业绩的改善和提高产生极大的推进作用。

1. 车辆点检表

车辆点检表如何才能像在医院所做的X光检查或核磁共振记录一样，受到重视，并被用来判断车辆的"病情"呢？

关于车辆点检，最早是米其林公司提出的。在米其林体系中，"查车"被不断强化；而普利司通也不断强调对车辆的点检，这些都是一个意思，都意识到点检的"发现问题的作用"。

由于点检的"发现问题的作用"被执行者理解得太过功利，导致几乎所有店铺均无法发挥点检记录的应有威力。在实施精益服务的顾问项目中，我们对"点检"提出了进一步规范，强调点检与点检记录的"知识共享的作用"，并三度改进点检表格：强化点检记录，强化点检记录的有效性；强化营销人员对点检记录的运用；强化营销人员通过点检记录，与客户共享有关车辆使用状况的信息。

这些对点检逐步提升的价值期许，赋予了点检记录新的标准，也对点检执行和记录使用提出了严格的规范。只有在这些要求都达到的时候，点检才真正成为一项对客户有价值的"免费的服务项目"。

2. 访谈记录表

访谈式营销的根本意义，在于通过以台账形式表现出来的客户网箱管理，让客户的消费"均衡长大"。

而访谈记录表是访谈式营销实施过程中营销人员用于记录的表格，主要用途是在管理和誊写"客户管理台账"的时候，起到提醒和辅助作用。访谈记录表是访谈式营销和网箱管理之间的重要关联，访谈式营销推进的成功基础是网箱管理的有效性与客户实现有序开发。每天下午下班前，营销人员必须在半个小时内将当日客户访谈情况更新到网箱管理的台账中，做好下一次沟通或"播种"的分析准备。

访谈式营销分为三个阶段：运用四大认知度提炼的K-H获得成单，是访谈式营销一阶水平的具体体现；而以"点检记录表"与客户实现车辆状况共享学习，实现顺利转化成单，被界定为访谈式营销二阶水平的典型特征；运用"网箱管理"，实现客户有序开发才是访谈式营销三阶水平的体现。而访谈记录，是网箱管理的重要辅助手段。

在传统的访谈式营销实施过程中，强调营销人员的记录，是一项非常困难的工作，希望践行者们引起高度重视。

3. 施工报告单

施工报告单，是施工作业管理、员工薪酬计算、客户满意统计的重要记录表单，由施工作业人员填写，班组主管复核签收，由客户验收后签字确认。如有内部检查返工，需要做出记载；如果客户不满意返工，也需要做出记载。

许多店铺都没有重视这一份表单，因此对施工作业返工情况，特别是内部返工，基本没有记录，无法真实反映施工作业的浪费情况。而且客户满意情况没有记录，就导致这些信息遗失，无法得到真实反映。

一些店铺虽然做了相关的记录，也将之用于薪酬核算，但是缺少全年度积累，也无法持续地反映客户满意情况的变化趋势。

4. 案例分享表

案例分享表，是指具有代表性的服务项目在施工作业过程中的记录。一方面是对特殊问题解决方案的记录；另一方面是对流程执行或技术作业容易出错的地方进行的记录，是对过程问题处理的记载，便于今后出现类似问题时，可以直接查找、参考。

通过多次参加"汽车服务世界大会"和在各种媒体课程中的演讲，我所提到的"KNOW-HOW"引起了行业各方面的广泛关注，大家都希望得到这些KNOW-HOW。很显然，有了这些东西，人员训练就变得简单了。甚至许多机构提出花钱购买。然而大家想过没有，其实您的店铺每天也在这样运行，不同的是我们将重要案例记录下来了，并在各店进行分享，而您的店铺就没有开展这项工作。

当然，这项工作要开展起来同样很费劲。前几年，我们聘请的奔驰专业技师到岗，我告诉他组织徒弟每天将维修的奔驰车所有问题进行案例记录，我保证整理完以后帮助他出版，让他名利双收。但是，即便是在这样强大的诱惑力下，他们都没有坚持做下来。可见其难度也不是一般的。是怀疑？是不够自信？还是自身的习惯改变不了？！

其实，案例分享表是一个逐步积累的过程，这项工作店铺必须开展。如果通过交换，你就能够得到更多的案例和经验。而这项工作开展的过程，就是知识普及、人员学习的最佳方法。

5. 计划总结表

精益服务体系非常强调计划的编制与执行，我们称之为"计划的功夫"，要求每一位从事汽车服务管理工作的人员，都必须掌握这项技能，然而收获甚小。制作计划总结表的前提是有计划在被执行，执行过程的许多时间节点，都需要对计划进行总结。

计划总结表，是对计划执行情况的阶段性总结，是经营分析会的主要依据，由计划执行人负责填写。

6. 培训记录表

培训记录表，是指对培训状况实施记录的表格，由培训组织者负责填写。

培训记录表是在培训具有全年总计划的前提环境下运用的。店铺或机构的年度培训计划需要有每一个执行过程的记录，一方面作为培训执行与否的记载，也是每一种培训最终是否达到目标培训效果的记载。正是由于培训记录表的存在，下个年度再次制订培训计划时，就可以参照分析，使做出的培训计划更加有针对性。

7. 定时管理表

定时管理是精益服务体系中一个重要的战术方法，源自丰田的定时管理。标准化不仅针对技术作业层面。首先是有了标准的管理规范，才能逐步形成行之有效的作业标准。而定时管理从管理定时化的角度出发，要求管理人员将管理事项确定内容、确定检查时间，并对检查事项以按照时间顺序进行的自我约束方式和便于上级检查督导的方式来表达。

定时管理表就是指对管理事项的界定和对检查时间、检查方法的界定方式。定时管理表可以根据管理层级的不同分别制订。针对汽车服务店铺，应该有店长定时管理表和班组定时管理表。

8. 评价考核表

有了上述的各项战术体系规范，在执行过程中，当然少不了评价考核表。各种管理方案的实施，都需要落实到结果上，而结果的具体形式就是这些相对应的表单。

根据这些表单的执行结果反映，再设定相应的奖罚标准，就可以实施精益服务的考核评价了。因此，评价考核表是对上述执行表格执行情况的汇总反映，是精益服务推进的汇总与评价的工具。

当然，精益服务的"器"绝不只是这几张表格，但是这几张表格却是我们推动精益服务14年来在整个过程中被反复验证的、最关键的核心表格，是精益服务系统推进有效落地的关键。

多年来，我们为了说服实施项目的单位认真填写这些表格，耗费了巨大精力。然而，随着"学以致用"系统的开发与运用，这些本来是非常艰难推动的工作，将变成每一位精益服务执行者自觉自愿的工作。这是因为，每一项工作推进的成果，都会累积到执行人的贡献值上，让执行者的价值随着执行次数的增加而不断积累。当然，如果执行状况不好，也会相应地减分。

"学以致用"系统的创建，有力地保证了精益服务高效快捷地在每一个项目实施店铺落实与推进。

【点检表格式图片】

31项车辆检查表

车牌号码_____ 行驶里程_____ 车辆品牌/型号_____
客户姓名_____ 联系电话_____ 检查日期_____
客户第一需求_____   未见异常 留意观察 即刻检修

轮胎

花纹深度
左前 0 1.6 2 3 4 5 6 7 8mm 右前 0 1.6 2 3 4 5 6 7 8mm
左后 0 1.6 2 3 4 5 6 7 8mm 右后 0 1.6 2 3 4 5 6 7 8mm

	左前	左后		右后	右前
气门嘴/帽	■	■	不规则磨损	■	■
不规则磨损	■	■	实际胎压	■	■
实际胎压	■	■	轮胎品牌		
轮胎品牌			花纹		
花纹			尺寸		
尺寸			备胎胎压		

制动

制动液沸点
320 356 °F
160 180 °C
DOT3 DOT5
DOT4

	左前	右前	左后	右后
制动片	■	■	■	■
制动盘	■	■	■	■
备注				

机油

机油容量 ■ ■
机油颜色 ■ ■
机油滤清器 ■ ■
空气滤清器 ■ ■
空调滤清器 ■ ■
防冻液液面 ■ ■
防冻液冰点 -58 -40 -22 -4 °F
             -50 -40 -30 -20 °C

灯光

	左前	右前	左后	右后
示宽灯	■	■	■	■
雾灯	■	■	■	■
转向灯	■	■	■	■
警示灯	■	■	■	■
近光灯	■	■		
远光灯	■	■		
倒车灯			■	■
制动灯			■	■

雨刮器

左前雨刮器 ■ ■
右前雨刮器 ■ ■
后雨刮器 ■ ■
玻璃水 ■ ■

蓄电池

空载电压 12.5V
负载电压 ■ ■
状态指示灯 ■ ■

技师建议

_____
_____
_____
_____

检测人员：_____ 客户确认：_____

【访谈记录样本】

服务顾问访谈记录表

目标分解	洗车业绩	美容业绩	保养业绩	轮胎业绩	饭喷业绩	装潢业绩	精品业绩	总计	预约数	回访数
今日目标										
今日完成										
本月目标		已达成			未达成					

今日访谈

	车牌	车型	车主姓名	电话号码	访谈项目	销售成功	回访记录	备注
1								
2								
3								
4								
5								
6								
7								
8								
9								
10								
11								
12								

今日总结及事件记录

主管签字：

【施工报告单样本】

机修施工报告单

日期：	月	日	星期		
施工项目			车辆型号		
车牌号码			施工技师		
预交时间			完工时间		

项目说明

诊断结果	
解决方案	
施工效果	

施工质检

诊断确认	遮蔽防护	油水配件	问题解决	记号记录	旧件展示	附加项目	现场清理

车辆安全检查　打√良好　打×建议更换

	车龄			里程数			
常规	机油 □	变速箱油 □	刹车油 □	助力转向油 □	皮带 □	冷却液 □	玻璃水 □
	空调制冷剂 □	空气格 □	电瓶 □	空调格 □	照明系统 □	仪表故障灯 □	雨刮器 □
底盘	转向刹车助力 □	发动机，变速箱底部 □	燃油排放系统管路 □	制动转向系统管路 □	传（驱）动轴防尘套 □	前刹车皮 □	转向横拉杆及防尘套 □
	悬架球头及防尘套 □	前后悬挂件松紧度 □	车轮轴承间隙 □	四轮定位 □	后刹车皮 □		
轮胎	左前 □	左后 □	备胎 □	右后 □	右前 □	轮毂 □	

技师建议	

客户评价	

月　　　日

054

【案例分享表样表】

门店服务案例分享

| 省 | 市 | 店 | 部门 | 年 | 月 | 日 |

案例类型	访谈营销 ☐	技术分享 ☐	事故经验 ☐
分享主题			
所属部门		分享人	
服务车主		车辆型号	

过程描述	
问题分析	
解决步骤	1. 2. 3. 4.

分享人：　　　　　审核人：

【计划总结表样表】

门店计划总结表

店	部门	年	月	周	总结人

本月业绩目标		本月业绩完成	
本月台次目标		本月台次完成	

管理点评		计划改善点	改善情况
	环境素养		
	工作质量		
	点检访谈		
	客户满意		
	学习成长		

本月（周）完成进度

目标分解	业绩目标	业绩完成	达成率	台次目标	台次完成	达成率	点检目标	点检完成	达成率
1									
2									
3									
4									
5									
6									
7									
8									
9									
10									
总									

培训与总结

没有记录就等于没有发生，弄虚作假一切归零，让所有努力都看得见

第二章
精益服务体系

【培训记录表样表】

会议总结及培训记录

主持部门		主讲人	
会议时间		会议地点	
会议培训主题			

会议培训内容记录：

　

　

　

　

　

　

　

　

　

　

　

　

记录人：

参加人员签到：

姓名	评价	姓名	评价

没有记录就等于没有发生，弄虚作假一切归零，让所有的努力都看得见。

【定时管理表样本】

店长定时管理日志

省　　市　　店　　年　　月　　日　　星期

定时管理								
时间	确认事项							
早会 8:00	出勤□	环境7S□	昨日业绩□	营业准备□	今日目标□	今日重点□	状态提升□	
上午 8:00－11:30	业绩追踪□	台次追踪□	质量追踪□	点检追踪□	访谈追踪□	7S检查□		
下午 1:00－5:00	业绩追踪□	台次追踪□	质量追踪□	点检追踪□	访谈追踪□	7S检查□	会议培训□	
晚上 5:00－7:00	业绩确认□	台次确认□	交班注意□	安全检查□	进货协调□	盘点货银□	日报表□	

今日报表　　月　　日

部门	出勤人数	总营业额	作业台次	点检访谈次	管理奖扣分（7S、质量、客户满意）
洗车部					
美容部					
快修部					
轮胎部					
钣喷部					
精品部					
装潢部					
客服部					
合计					
上月同期对比					

收入组成	储值卡		单次进出		挂账	总计
	收入	消费	现金	POS机		

小结：

第二章
精益服务体系

【评价考核表样本】

门店考核表

省　　　市　　　店　　　年　　　月

考核对象	门店 □	部门□：	个人□：

考核项		考核规则	达标率	得分
业绩项		达标率*100为得分，最高得分为120分		
台次项		达标率*100为得分，最高分为105分		
管理项	点检访谈	达标率*20为得分，最高分为22分 达标率60%以下记0分		
	环境素养	达标率*20为得分，最高分为22分 违反员工素养承诺一次扣达标率5%–10%，违反安全承诺扣50%		
	工作质量	达标率*20为得分，最高分为22分 内返一次扣5%，外返一次扣10%，外返一次无记录扣100%		
	客户满意	达标率*20为得分，最高分为22分 一次客户投诉扣10%，投诉无记录扣100%		
	计划总结	达标率*20为得分，最高分为22分 缺一次计划总结扣20%，缺席一次学习扣20%		
		管理总得分=管理项各考核点相加，最高分不超过105分		

综合得分	业绩得分*台次得分/100*管理总分/100	
得分等级	80分以下为不合格，80–89分为合格　90–99分为优秀　100分以上为特别优秀	
团队贡献值	总业绩*贡献系数*综合得分/100	
个人贡献值	个人岗位价值*个人综合得分	
个人贡献奖	个人贡献值/全体贡献值总和*团队贡献奖	

第三节　精益服务四项原则

精益服务在"道""术""器"三个层面构筑了最初的服务改善体系架构，在精益服务体系导入的过程中，必须始终严格遵守精益服务四项原则，才能保证精益服务的整体理念得以完整有效地实施。

精益服务四项原则是指：

（1）准确定义项目价值；

（2）理顺创造价值的步骤；

（3）在价值流动过程中，保持价值的一致性；

（4）尽善尽美。

一、准确定义项目价值

精益服务要求面对服务机构推出的每一个服务项目，都需要通过"立项管理"的步骤，对这一服务项目的价值进行准确定义。即：这项服务为客户提供的价值，需要清晰、准确地描述出来，并且这个价值定义必须在所有相关操作人员中保持统一认识。

根据第一条原则，汽车服务机构推出的每一个服务项目，都必须经过立项程序的讨论与审批，对项目价值形成准确定义，并且让相关操作人员全部理解并遵从这个价值定义。

在大多数服务机构中，这一原则被严重忽略了。它们随意地推出一个服务项目，对这个项目的价值定义缺乏准确的描述和统一的理解。

二、理顺创造价值的步骤

精益服务要求服务机构在每一个项目的立项过程中，必须从输入、资源、过程、过程之间的相互作用、业务规则等方面入手，理顺创造价值的每一个过程的步骤，确保步骤的合理性。

在服务项目创造价值的过程中，先后有营销、采购、库管、技术作业等多个环节的人员参与进来，而每一个人操作的每一个步骤，都存在使这个项目价值发生变差的可能性。

这些岗位的操作者，对于每一个服务项目的价值，都统一了认识吗？当人员发生变化的时候，这种统一的认识还能保持吗？

三、在价值流动过程中，保持价值的一致性

精益服务要求在创造价值的过程中，每一步都必须保证价值的一致性，确保"被定义的价值"在过程展开的每一步中，都能保持一致性而不会产生变差。

在日常业务中，大量的客户满意问题都出现在项目交付的价值与当初营销人员向客户描述的价值不一致的问题上。这个变差可能来自营销人员的夸大描述，也可能出现在每一个环节在操作过程中产生的变异（例如：随便更换配件品质，随意改变工艺顺序等）。服务机构的业务流程能够保证项目在进展过程中经过了每一个岗位的配合处理，客户得到的价值还是当初营销人员所描述的价值吗？当然，在之前的客户纠纷中，营销人员的描述问题占据了大多数原因。

这要求每一个操作某个项目的人员，对该项目的价值的理解是一致的，并且在材料采购时，在材料提供时，在施工过程中都是按照立项审批时的各项规定稳步地实现这个价值。

四、尽善尽美

针对每一个服务项目，每一个工作环节的操作者都应该本着尽善尽美的工作原则执行标准，实现项目价值。

尽善尽美，是指岗位操作人员在确保正确理解这个项目的价值，与每一个其他环节参与者的认识统一的前提下，所做出的完美追求。

根据精益服务"七种浪费"的基本原理分析，没有遵从精益服务四原则，做好项目立项管理，以及确保后续流程控制的有效性，是导致汽车服务店铺"两个等待"浪费的主要原因。

第四节　持续改善的意识与方法

精益服务在汽车服务领域的呈现，还处在起步阶段，尽管我们在行业中推广实施多年，但它还是处在体系形成的初级阶段。它需要每一个服务机构立即进入行业特色显著的"初级基础阶段"，然后再步入常规操作的"持续改善阶段"。

本书对这两个阶段，都从多年顾问工作的实施总结角度出发，给出了基本实施范例和操作说明。

一、起步的初级基础阶段

每一个服务机构都有一定的体系标准在支撑，只不过没有"全面实施标准化管理"而已。正是由于没有"全面实施"，导致服务结果不可控，其后果已经到了非改变不可的地步。因此，"全面实施标准化管理"，是当前店铺在竞争中获得生存权的基础。

在起步的标准阶段，精益服务体系为大家提供了以"三个冲击波"为集成运用的战术知识体系。

1. 第一冲击波

导入精益服务理念，帮助大家解决"思想茫然"的问题，启发大家认识体系，补充体系基本知识，找到持续学习成长的基本路径，建立可持续发展的基本经营观念。

2. 第二冲击波

通过初步改善洗车、美容的规范运营，获得客户的满意度，逐步恢复客户的消费信心，将体系的知识、力量逐步导入最频繁、最基础的服务项目中，使操作者建立信心，坚定持续推动精益服务的信念与决心。

3. 第三冲击波

在打蜡、内饰清洗、发动机清洗等初级项目在精益服务理念技战术方针的推动下获得客户满意的基础上，开始逐步推动在快修、轮胎等技术性强、与车辆性能直接相关的技术服务项目上展开。引导客户理解项目、发现改善的有效性，进而认可项目、消费项目。

三个冲击波，是将体系导入汽车服务行业的入门钥匙，通过洗车、美容、快修、轮胎等项目，逐步导入体系规范，让标准从简到繁逐步得到启动、运用。后续有专门章节讲述三个冲击波的实施步骤和具体方法。

二、持续改进阶段

当三个冲击波成功地逐步实施以后，店铺进入了体系的运行阶段，后续立即需要跟进的是运用体系方法，进行持续改善。

可以说，体系导入阶段主要是运用体系理念和基础方法，使流程运转起来，使标准发挥作用；持续改善阶段则是让流程得以不断优化，标准得以稳定刷新。所以，持续改进阶段是对机构导入的精益服务体系的深入强化阶段。

持续改善阶段所使用的基本方法，我们称之为"六步法"，也是每一位"精益服务黑带"所需要掌握的专业工作技能。六步法分别是：

（1）改善小组组建；

（2）改善目标提出及结构问题；

（3）对目标问题的测量；

（4）分析数据，提出改善策略；

（5）改善过程实施；

（6）对改善结果的控制，防止再发生。

上述六个步骤需要体系知识作为支撑，还需要具体的工作技巧，只有这样，才能使每一次改善取得成绩、达到目标。

接下来的章节，主要就精益服务改善在实施过程中如何准确发现问题，如何选定、测量问题，并对问题提出解决策略进行讲解，我们设定了"现场管理""流程基础"等相关内容，以供大家学习掌握。

第三章
精益现场管理

精益服务首先关注服务机构的现场管理,并由表及里,将店铺的现场管理分为七个等级,定义为现场管理的"七重境界"。由于现场是客户对门店服务水平进行评估的第一印象,如何第一时间抓住客户的心尤为重要。通过对现场管理的讲解,您还会接触到更多管理上的方法。

第一节 现场管理的"七重境界"

一、现场管理的基本原理

在制造业,现场管理非常重要。手握订单的国际大佬们,主要是通过观察现场状况,确定是否下单给企业。客户观察现场,主要是审视企业的制造能力能否保持产品的"一致性"。

在汽车服务店铺,现场管理同样重要。车主就是那些"手握订单的大佬",他们是否选择某个店铺为自己的车辆服务,很大程度上取决于客户对现场状况的审视与判断。

通过大量走访调研,我们发现,处在不同管理级别上的运营现场有着大量共性特征。掌握了这些共性特征后,管理者或督导者就可以根据清晰的分级概念,迅速判断出当前面对的店铺的现场管理水平处于什么样的层级,以便在后续的管理中对症下药,逐步改善。

实际上,大多数管理者对于现场管理缺少完整的概念,对于当前现场管理中存在的问题缺乏清醒的认识,主要表现为不了解当前店铺的现场管理水平,不知道下一个进步的节点在哪里,以及达到这个目标点需要做哪些改善。这必然导致其现场管理工作是在茫然中摸索着缓慢推进的,甚至可能出现倒退。

究其原因,我们发现,大量的管理者缺乏现场管理的系统知识,也没有意识到在美容或快修等项目中,生产管理的保障是技术水平得以发挥的重要基础;面对现场基础问题频频出现的现状缺少准确记录,也缺少有力的措施,使好的技术根本得不到发挥，生产管理和生产指标都只能在低水平状况下徘徊。他们更多地考虑"如何完成生产任务"这一最低工作标准，至于如何用更好的方式完成生产任务，如何用更低的成本达到更高的产品合格率等效率问题，在当前的管理者意识中几乎没有，现在必须立即着手培养。

精益服务体系将汽车服务店铺的现场管理分成不同的阶段，并对各阶段的不同状况、导致的原因、推动的方法做出了详细的说明，使店铺运营管理者对于自己的管理状况有一个明确的参照，知道自己当前的水平处于什么样的状况，以及接下来要向着哪个目标前进。这样更容易确定阶段工作的重点，在保障生产计划得以推动的同时，能够同期完成管理改善工作。

精益服务将店铺的现场管理分为七个等级，定义为现场管理的"七重境界"，即：现场整洁阶段、定置管理阶段、流程作业阶段、标准有效阶段、定时管理阶段、计划与准时交付阶段、全员改善阶段等"七重"不同的层次。

这是一个由表及里的阶段性过程，从现场的整洁度，到现场的秩序建立，再到流程的建立与运用，再到标准的作用力的体现，再到定时管理的阶段性目标的实施，再到计划管理的标准节拍的出现，最后达到全员持续改善的最高级阶段。

这七个阶段将店铺的现场运营管理确定为七个级别，并有相应标准，使得"七重境界"的划分成为便于管理者们建立标准、快速发现问题、明确改善目标的有效管理工具。

二、"七重境界"详解

1. 现场整洁阶段

整洁的现场，是一个服务机构最基本的要求。当工位上到处是纸屑，洗手间发出阵阵异味，员工的服装杂乱不堪，设备工具上都是灰尘油泥的时候，客户得到的心理暗示是：这个店不规范。一旦有了这样的意识，客户对店铺的信任就会大打折扣。

如何才能保持现场的整洁呢？

由丰田公司创造实施的"领导者带头捡垃圾"，或许是这个环节最好的方法。领导者带头捡垃圾，说明领导者看不过去了。一旦领导者确定了标准，就会带动管理人员有效执行。

现场管理第一阶段的关键词是：整洁、整齐、空气清新等。一旦保持这个状况，并使之成为每一个人的责任和义务，良好的环境创造就开始了。

可参考的管理方法：5S管理。

2. 定置管理阶段

当您发现员工在工位上随意摆放工具，没有收拾的习惯时；当您发现配件工具随意摆放在地面时；当您发现通道上随意停放车辆时；当您发现拖布乱丢时……您对这样的随意性不感到担心吗？这样的状态是无法实施标准化管理的，更无法让客户倾心。

如何有效实施定置管理，创造标准化管理的基础呢？后续有专门的章节讲解定置管理的实施方法。

定置管理阶段的关键词主要是：定置有序，标识清楚。

这个阶段的员工需要养成的习惯是：工具用完后立即放置到规定的位置，保持工具、配件、油水"三不落地"。

3. 流程作业阶段

流程作业阶段主要是指让流程成为员工、管理者以及客户都能清晰看见，并且可以有效对照、鉴别、执行的有形的文本。

许多服务机构的流程都是口口相传的，这不利于员工遵守，也不利于管理人员检查，更不利于客户感受、鉴别，给客户的感觉是暗箱操作，客户的信任度在这种状况下很难建立。

后续有专门的章节展开介绍流程管理。

需要明确的是：流程不只是给操作者看的，流程的使用者可以是操作者、管理者，也可以是客户。没有文本流程，只有操作者内心知道的"流程"，这本身就是暗箱操作。

值得注意的是，流程是拿来运用的，在面对问题的时候，不需要讨论谁对谁错，只需要相关执行者坐在一起，参照流程步骤、对照标准要求，就能找出问题所在。也许是流程执行过程的问题，也可能是流程本身的规范问题出现歧义，无论怎样，有了规范的流程，这一切都将迎刃而解。

这个阶段的关键词是：流程，客户价值，标准。

这个阶段需要养成的习惯是：流程分析，流程运用，用流程说话。

4. 标准有效阶段

标准有效阶段，是流程规范执行的下一个深入阶段。标准是在流程控制过程中发挥作用的，流程控制没有做好，标准就会失效。标准失效了，流程控制也就形同虚设。

标准是流程实施过程中的"规则"，只要有业务发生，就会产生应对客户需求的价值分析和控制标准。但是，在流程管理没有得到足够重视的时候，标准的规则作用就容易被忽视掉。如果没有事前控制，等到客户上门投诉时才想到标准，经营上一定会十分被动。

标准有效阶段是在进行流程管理之后强化标准作用的阶段过程。

这个阶段的关键词是：标准，依据标准作业，依据标准检查。

这个阶段需要养成的习惯是：关注客户价值，理解客户价值对标准的决定作用，严格执行标准，在执行过程中强化检查。

5. 定时管理阶段

也许上述的现场管理有部分已经做了，但是没有运用定时管理的方法加以管控，现场管理可能在表面上推进了，但是实质上却出现反复和倒退。

定时管理是管理人员检查工作的有力武器，它清晰地表明了每一个阶段现场管理主要针对的不同问题，并可以通过定时化加强检查，予以控制；另一方面，定时管理是标准化进程到一定水平，开始追求"准时交付"的标志。准时交付是现场管理的高级阶段，是每一位现场管理者职业追求的一个高级目标，而定时管理是保障准时交付的基础手段。

定时管理是否到位，已经成为现场管理是否有效展开的阶段性显著特征，因此将它单独划分出来，成为判断现场管理级别的一个阶段。定时管理也是行为指标考核的关键手段之一。

后续有专门章节详细讲述定时管理的具体方法。

这个阶段的关键词是：阶段管理方针，奖罚标准，定时检查。

这个阶段需要养成的习惯是：管理人员需要做阶段管理计划，养成检查工作的习惯；员工需要养成被检查的习惯；每个人都需要遵守规则、接受判罚。

6. 计划与准时交付阶段

在接受丰田顾问辅导的时候，我们首先探讨的是计划的准确性问题。当时所在的企业主要努力做月计划，而最小单位是天。让我们震惊的是，丰田顾问回答说：丰田的计划力求精确到以秒为单位，最小的计划单元是作业节拍。那时我才终于明白一份精确的计划是怎么出来的了！

作为标准化管理的高级阶段，计划的准确性与车间作业能力、班组作业能力、个人作业能力息息相关。没有这些作为基础，标准化工作就没有开好头！

车间计划的水平，是建立在每一位作业者胜任工作的能力以及主管对每一位作业者工作能力的判定的基础上的。

当计划能够准确到具体时间，准时交付才有可能实现，才能成为服务机构有力的竞争武器。管理者之间管理水平的高低，主要体现在您的团队能用什么样的节拍展开准确的项目作业。

这个阶段的关键词是：节拍，作业者能力指数，一次合格率，准时。

这个阶段需要养成的习惯是：训练员工，提升作业熟练度；关注作业时间周期；关注作业准备及相关因素。

7. 全员改善阶段

这是现场管理的最高标准阶段。当前面讲述的现场标准都已经达到，并且全员都还在持续改善时，这样的状态将是店铺能够呈现的最佳状态。当然，如果只是单纯寻找全员改善状态，它在现场管理的第一或第二阶段都可能出现。在判断现场水平时，需要兼顾其他方面的阶段特征，才能做出准确界定。

全员改善阶段的主要特征是：每一个人都处在发现问题和纠正、改善的积极状态，或者提出改善议题，或者积极参加改善小组，每一个人都已经从根本上变成了"改善的人"。

这个阶段的关键词是：改善小组，改善目标，测量，工具，聚会。

这个阶段需要养成的习惯是：精通各种测量工具；每天都在以客户满意为中心，寻找和发现问题，并进行改善，包括自我技能的改善。

三、标尺的作用

不同的店铺运营现场，都能在这七重特征中找到属于自己的特征。"七重境界"相当于给出了一把标尺，让管理者能够衡量不同的现场，并找出自己所在的位置，认识到下一阶段的目标，以及为达到目标需要做出何种努力。

现场管理的各阶段都有不同的表现特征，也有不同的管理重点，只要管理者对于这"七重境界"的标准有所认识，并怀着坚定的信念，在不同的阶段中对应找出不同的管理重点，就一定能成功地达到第七重境界。

在店铺达到第五至第六重境界的时候，机构就已经能够保持理想的生产效能和稳定的交付合格率了，这将形成机构和其他竞争对手之间的根本性区别，在客户满意、成本降低等多方面为服务机构带来强大的竞争力。

如果店铺没有建立明确的现场管理分层标准，在店铺的实际运管过程中，难免胡子眉毛一把抓，导致管理行为东一榔头，西一棒子，无法使运营管理循序渐进。

当管理者掌握了这把标尺，就能够更清晰地理解现场管理"七重境界"的不同标准与表现特征，并可以在管理实践中对照执行。当然，更欢迎各位精益服务的践行者在不断使用的过程中加以锤炼、完善。

做好现场管理有一个非常重要的前提，就是必须相信：是员工的素质决定了店铺的现场管理水平，店铺处在哪个级别，是员工的整体素质决定的，也是管理者的认识水平和管理能力决定的。

当管理者真正明确了店铺的运行效能和合格率是由员工素质决定的，那么，如果员工的素质没有提高，店铺希望营业额水平的稳定提高只能是空想。实际上，店铺的现场管理核心是通过系统有效的管理方法，逐步提升操作者的素质，用他们稳步提高的素质来保障稳步提高的技术服务效率。

读者可以参照表3-1的内容，对照所管理的现场，明确自己所处的阶段，找到准确的递进目标开展工作。

右边的红色箭头表示员工（包括管理人员）素质的提高、变化情况，之所以许多店铺的现场管理方法在实施了一段时间后会出现倒退，是因为现场的好转没有建立在员工素养提升的基础上，不是员工自发的愿望，所以有些倒退是必然的。但是，当现场的变化与员工、管理人员内心的变化相一致，并逐步向好的方向发展时，这种倒退就可以避免。

表3-1 现场管理"七重境界"特征鉴别

现场管理的"七重境界"	相对应的特征与方法	逐步推进
1.现场整洁阶段	1. 能随时保持整洁卫生的现场 2. 有卫生作业分区及每日执行计划检查 3. 有融入作业节拍中的清扫 4. 有领导带头捡垃圾的习惯 5. 有点检和讲评/例会形式	
2.定置管理阶段	1. 有各区域定置标准 2. 有定置执行过程及检查 3. 已实现"三不落地"并能保持 4. 有点检和讲评/例会形式	
3.流程作业阶段	1. 有流程建设体系框架 2. 有流程八要素的清晰认识 3. 有运用流程分析问题的习惯 4. 单据完成,节点文件清晰 5. 有相应的流程管理考核	
4.标准有效阶段	1. 有每一个项目的作业指导书 2. 每一条流程价值清晰,标准可见 3. 标准在流程中总是能起到制约作用 4. 有阶段性分析与修改 5. 严格运用流程管理并持续改进	
5.定时管理阶段	1. 阶段性管理方针明确 2. 有店(厂)长定时管理计划 3. 有阶段管理项目的奖罚标准 4. 有配套的检查记录 5. 有总结与奖罚执行	
6.计划与准时交付阶段	1. 有作业人员能力指数表单 2. 有主要施工项目单位作业时间周期 3. 有返工与投诉的清晰记录 4. 有准时交付计划并有相关达成率指标统计 5. 有计划执行情况阶段评审	
7.全员改善阶段	1. 时常有改善小组的成立运行 2. 有确切的阶段改善目标计划 3. 参与者正在逐渐扩大 4. 有大量有效改善项目记录 5. 有年度改善绩效评比	

因此,通过店铺的现场管理能看到的是现场变化,而实际上这种变化是员工和管理人员内心意识与标准掌握的变化所导致和保障的,所以我们要改变的不是现场,而是员工和管理人员的素质,以及他们对现场管理标准的追求。

第二节　PDCA——伟大的循环

一、管理的根本含义

关于"管理",哈佛最早给出的定义是:管理是计划、组织、指挥、控制、协调五组概念的统一,每一组概念又有相应的具体展开项目。

通过大量的管理实践,我们已经意识到,管理是因为要使用他人帮助自己完成工作目标,在这个过程中为了有效控制共同的工作结果,于是产生了"管理"的需要。随着时代的发展,社会分工不断细化,导致几乎所有的工作都是在人们之间的相互配合中完成的,管理就被广泛地需求了。

根据这个基本原理,在学习了下文"戴明环"理论之后,我们可以给出更加明确的理解:管理就是由计划、执行、检查、评审四部分组成,以保障团体通过合作实现目标的控制手段。

二、循环与递进

1. 戴明环

如果只是孤立地谈计划、执行、检查、评审四个方面,似乎平淡无奇,一旦将它们按照顺序形成环形结构后,这四部分立即变得魅力无穷。

PDCA循环又叫"质量环",是管理学中的一个通用模型,最早由休哈特于1930年提出构想,后来被美国质量管理专家戴明博士在1950年再度挖掘出来,并加以广泛宣传,运用于持续改善产品质量。

PDCA来自英语单词Plan(计划)、Do(执行)、Check(检查)和Action(评审)的第一个字母,PDCA循环就是按照这样的顺序进行质量管理,并且循环不止地进行下去的科学程序。

（1）P (Plan)　计划：选择目标，制订实施计划。

（2）D (Do)　执行：根据计划与各项分工要求，准确执行计划。

（3）C (Check)　检查：根据计划的详细要求以及项目的标准要求，对过程实施检查并做好记录。

（4）A (Action)　评审：对检查记录采取措施进行处理，以持续改进过程绩效。对于没有解决的问题，应提交到下一个PDCA循环中去解决。

以上四个过程不是运行一次就结束，而是周而复始地进行，一个循环完了，解决一些问题，未解决的问题进入下一个循环，从而使被控制的目标管理事项进入阶梯式上升的轨道。

图3-1具体显示了每一个工作事项推进所必须经过的四个过程，这四个过程是以计划为起点、相互依存的循环过程。

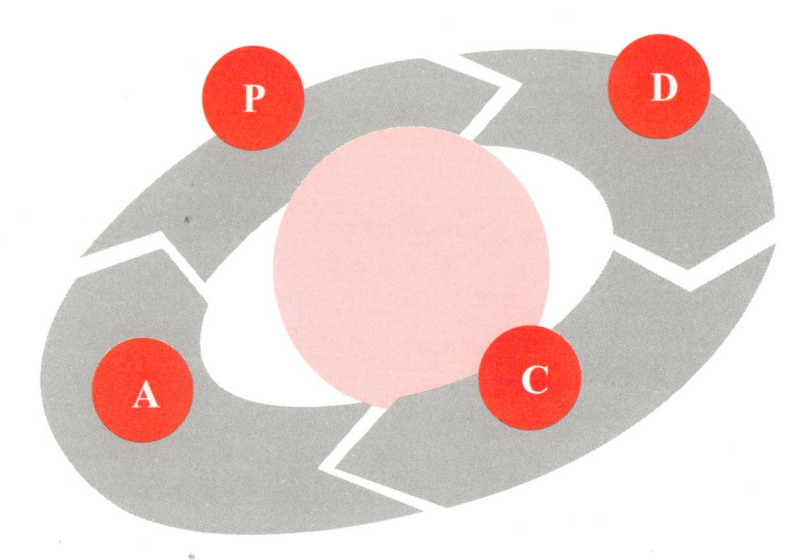

图3-1　PDCA示意图1

从一次单一循环来看，解决所有问题都应该遵循这一步骤。这个循环要求凡是面对需要解决的问题，必须先经过分析，建立工作计划"P"，并详细分解计划，明确实施过程的要点与细节。

接下来是执行"D"，在执行过程中必须严格参照计划的具体要求，以计划为指导进行工作（可见计划分解的重要性）。

再下来是依据计划要求对执行过程进行检查"C"。这个阶段主要是依据计划的具体要求，检查在执行过程中产生的偏差，予以及时纠正，并做好记录。

再接下来是评审"A"。评审是当这项工作执行结束或一个周期结束后必须做的一个动作。它主要是重新将计划目标及要求展开，将过程检查记录呈现出来，掌握工作的展开过程并找出偏差，提出相应的应对措施，目的是下一次再做这项工作的时候，能够保证比这一次做得更好。

图3-2所示意的主要是一项工作通过多次循环后获得持续提高的原理，展现了PDCA作为改善基石的重要作用。

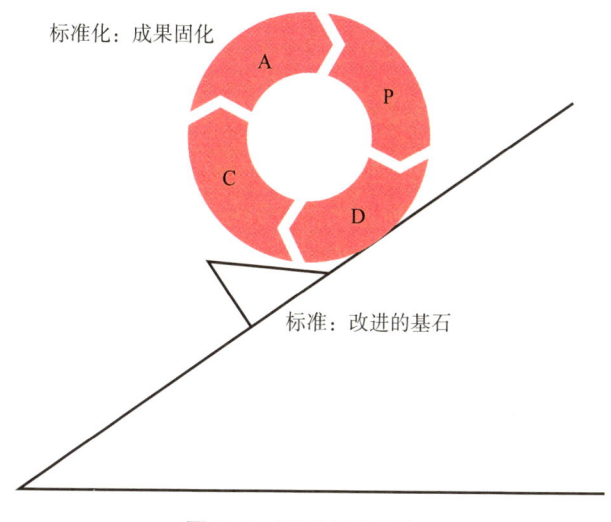

图 3-2　PDCA 示意图 2

PDCA循环是全面质量管理所应遵循的科学程序。全面质量管理活动的全部过程，就是质量计划的制订和组织实现的过程，这个过程就是按照PDCA循环不停地、周而复始地运转的。PDCA循环不仅在质量管理体系中运用，也适用于一切循序渐进的管理工作。

三、伟大的循环

我将PDCA循环称为"伟大的循环"，主要是因为它是解决问题最有效的方法：不仅解决当前的问题有效，解决长远的问题更为有效，是适合解决所有问题的通用法则。

1. 单项循环的控制作用

在企业管理过程中，大多数时候管理者们都在就事论事，如果每一个问题都能够严格遵守这四个步骤，并详细做好每一步，工作就有章法。PDCA的单项循环，适用于包括现场管理在内的所有工作的展开。

通过学习大家可以认识到，如果事前没有详细计划、周密思考，执行过程加入太多的操作者的理解，就很容易造成执行与计划之间的偏差，导致结果变形。这一点对计划的水平提出了更高的标准和要求。

在行业实际管理过程中，之所以大部分服务机构进步很慢，主要是受到一些问题的长期困扰，导致服务水平很难提升。这些长期困扰的问题，大多是因为管理人员普遍缺乏做计划的能力和习惯，忽略了计划是管理工作的重要技能之一。也正因为如此，操作者对所谓的计划目标也只是参考执行，甚至置之不理，导致结果偏差时常出现，结果的一致性无法保证。

另一个突出的问题是：管理人员普遍没有养成检查工作的习惯。因为没有细致的计划分解，操作者失去了严格遵守的计划标准，检查者也失去了有效的对照标准，往往会导致操作过程出现偏差，也不能及时被发现。

因为检查没有成为管理人员的工作习惯，检查记录就更无从保障，所带来的另一个问题是缺乏有效的依据，导致考核无法执行。而检查与纠错其实是管理人员、培训人员最直接有效的方法，可惜在行业中被长期忽略、耽误了！

通过这个单项循环，管理者应该意识到，每一项工作的四个步骤之间都是相互关联的，如果计划这个头没有开好，后面的工作就容易流于形式，执行效果以及改善、提高都无从谈起。

2. 通过多次循环的提升原理

大多数工作都是周而复始的，因此，一项工作在完成一次循环后，间隔一小段时间，又会重来一次。是按照原来的方式简单重复一遍，还是通过改进，使下一次一定比上一次做得更好？当然是后者！而第二次循环过后，又有第三次循环，如果每一次都力求比前一次有所提高，这就是精益理念，也是改善与提高的基本原理。

3. 在现场管理中的运用

PDCA在现场管理过程中被广泛使用。无论是环境卫生的整改，还是定置管理的推进，还是流程的改善工作……PDCA几乎无处不在，只是管理者是否熟练掌握、充分运用而已。这是管理者必须掌握的最基础的管理工具。

第三节　定置管理

定置管理起源于日本，由日本青木能率（工业工程）研究所的艾明生产倡导者青木龟男先生始创，后来又由日本企业管理专家清水千里先生在应用的基础上，发展了定置管理，把定置管理总结和提炼成为一种科学的管理方法。

定置管理是对生产现场中的人、物、场所三者之间的关系进行科学的分析研究，使之达到最佳结合状态的一门科学管理方法，它以物在场所的科学定置为前提，以完整的信息系统为媒介，以实现人和物的有效结合为目的，通过对生产现场的整理、整顿，把生产中不需要的物品清除掉，把需要的物品放在规定的位置上，使其随手可得，促进生产现场管理文明化、科学化，达到高效生产、优质生产、安全生产。

定置管理是"5S"活动的一项基本内容，是"5S"活动的深入和发展。

定置管理的步骤

1. 进行工艺研究

进行各项目作业的规程研究，是定置管理开展的第一步。它是对作业现场现有的操作方法、设备工具、工艺流程进行详细研究，确定工艺在技术水平上的先进性和经济上的合理性，分析是否需要和可能用更先进的工艺手段及操作方法，从而确定作业现场施工作业的工艺路线和搬运路线。

工艺研究是一个提出问题、分析问题和解决问题的过程，包括以下三个步骤。

（1）对作业现场进行调查，详细记录现行方法

通过查阅资料、现场观察，对现行方法进行详细记录，为工艺研究提供基础资料。记录要详尽准确。由于汽车服务业项目繁多，操作复杂，如用文字记录现行方法和工艺流程，将显得冗长烦琐。在调查过程中可运用工业工程中的一些标准符号和图表来记录，力争做到一目了然。

（2）分析记录事实，寻找存在的问题

对经过调查记录下来的事实，运用工业工程中的方法研究和时间研究的手段，对现有的工艺流程及搬运路线等进行分析，找出存在的问题及其影响因素，提出

改进方向。

（3）拟定改进方案

提出改进方向后，定置管理人员要对新的改进方案作具体的技术经济分析，并和旧的工作方法、工艺流程和搬运线路作对比。在确认是比较理想的方案后，才可作为标准化的方法实施。

2. 对人、物结合的状态分析

人、物结合状态分析，是开展定置管理最关键的一环。在作业过程中必不可少的是人与物，只有人与物的结合才能进行工作。而工作效果如何，则需要根据人与物的结合状态来定。人与物的结合是定置管理的本质和主体。定置管理要在作业现场实现人、物、场所三者最佳结合，首先应解决人与物的有效结合问题，这就必须对人、物结合状态进行分析。

（1）在作业现场，人与物的结合有两种形式，即直接结合和间接结合。

（2）直接结合是指需要的物件能立即拿到手，不存在由于寻找物品而耗费时间。如作业需用的工具、配件就在自己的作业位置周围，工检量具、贮存容器就在自己的工作台上或工作地周围，随手即得。

（3）间接结合是指人与物呈分离状态，为使其结合，则需要信息媒介的指引（如标示牌等）。信息媒介的准确可靠程度影响着人和物结合的效果。

（4）按照人与物有效结合的程度，可将人与物的结合归纳为ABC三种基本状态：

A状态，表现为人与物处于能够立即结合并发挥效能的状态。例如，操作者使用的各种工具，由于摆放地点合理而且固定，当操作者需要时能立即拿到或做到拿取得心应手。

B状态，表现为人与物处于寻找状态或尚不能很好发挥效能的状态。例如，一个操作者想进行某项作业，需要使用某种工具，但由于现场杂乱或忘记了这一工具放在何处，结果因寻找而浪费了时间；又如，由于配件或作业耗材散放在地上，作业时每次都需弯腰一个个地捡起来，既影响了工时，又提高了劳动强度。

C状态，是指人与物没有联系的状态。这种物品与生产无关，不需要人与该物结合。例如，作业现场中存在的已废弃的设备、工具、配件，作业过程中产生的垃圾、废品等。这些物品放在现场，必将占用作业面积，而且影响操作者的工作效率和安全。

因此，定置管理就是要通过相应的设计、改进和控制，消除C状态，改进B状态，使之都成为A状态，并长期保持下去。

3. 开展对信息流的分析

信息媒介就是人与物、物与场所合理结合过程中起指导、控制和确认等作用的信息载体。由于作业中使用的物品品种多、规格杂，它们不可能都放置在操作者的手边，如何找到各种物品，需要有一定的信息来指引。许多物品在流动中是不回归的，它们的流向和数量也要有信息来指导和控制。为了便于寻找和避免混放物品，也需要有信息来确认。因此，在定置管理中，完善而准确的信息媒介是很重要的，它影响到人、物、场所的有效结合程度。

人与物的结合，需要有四个信息媒介物：

第一个信息媒介物是位置台账，它表明"该物在何处"，通过查看位置台账，可以了解所需物品的存放场所。

第二个信息媒介物是平面布置图，它表明"该处在哪里"。在平面布置图上可以看到物品存放场所的具体位置。

第三个信息媒介物是场所标志，它表明"这儿就是该处"。它是指物品存放场所的标志，通常用名称、图示、编号等表示。

第四个信息媒介物是现货标示，它表明"此物即该物"。它是物品的自我标示，一般用各种标牌表示，标牌上有货物本身的名称及有关事项。在寻找物品的过程中，人们通过第一个、第二个媒介物，被引导到目的场所。

因此，称第一个、第二个媒介物为引导媒介物，再通过第三个、第四个媒介物来确认需要结合的物品。因此，称第三个、第四个媒介物为确认媒介物。人与物结合的这四个信息媒介物缺一不可。

建立人与物之间的连接信息，是定置管理这一管理技术的特色。能否按照定置管理的要求，认真地建立、健全连接信息系统，并形成通畅的信息流，有效地引导和控制物流，是推行定置管理成败的关键。

4. 定置管理设计

定置管理设计，就是对各种场地（店铺、车间、仓库）及物品（机台、货架、箱柜、工位器具等）进行科学、合理定置的统筹安排，主要包括定置图设计和信息媒介物设计。

（1）定置图设计

定置图是对生产现场所在物进行定置，并通过调整物品放置来改善场所中人与物、人与场所、物与场所之间相互关系的综合反映图。其种类有室外区域定置图，车间定置图，各作业区定置图，仓库、办公室等定置图和特殊要求定置图（如工作台面、工具车内，以及对安全和质量有特殊要求的物品定置图）。

（2）信息媒介物设计

信息媒介物设计包括信息符号设计和示板图、标牌设计。在推行定置管理过程中，进行工艺研究、各类物品停放布置、场所区域划分等都需要运用各种信息符号表示，以便人们形象、直观地分析问题和实现目视管理，各个店铺应根据实际情况设计和应用有关信息符号，并纳入定置管理标准。在信息符号设计时，如有国家规定的（如安全、环保、搬运、消防、交通等），应直接采用国家标准。其他符号，店铺应根据行业特点、产品特点、作业特点进行设计。设计符号应简明、形象、美观。

（3）定置示板图设计

定置示板图是现场定置情况的综合信息标志。标牌是指示定置物所处状态、标志区域、指示定置类型的标志，包括建筑物标牌、货架、货柜标牌、原材料、在制品、成品标牌等。它们都是实现目视管理的手段。各作业现场、库房、办公室及其他场所都应悬挂示板图和标牌，示板图中的内容应与蓝图一致。示板图和标牌的底色宜选用淡色调，图面应清洁、醒目且不易脱落。各类定置物、区（点）应分类规定颜色标准。

5. 定置实施

定置实施是理论付诸实践的阶段，也是定置管理工作的重点，其包括以下三个步骤。

（1）清除与作业无关之物

作业现场中凡与作业无关的物，都要清除干净。清除与作业无关的物品应本着"双增双节"的精神，能转变利用就转变利用，不能转变利用时，可以变卖，化为资金。

（2）按定置图实施定置

各车间、班组都应按照定置图的要求，将作业现场、器具等物品进行分类、搬、转、调整并予以定位。定置的物要与图相符，位置要正确，摆放要整齐，贮存要有器具。可移动物如工具车、清洁用具等也要定置到适当位置。

（3）放置标准信息名牌

放置标准信息名牌要做到牌、物、图相符，设专人管理，不得随意挪动。要以醒目和不妨碍施工操作为原则。总之，定置实施必须做到：有图必有物，有物必有区，有区必挂牌，有牌必分类；按图定置，按类存放，账（图）物一致。

6. 定置检查与考核

实施定置管理的一条重要原则就是持之以恒。只有这样，才能巩固定置成果，并使之不断发展。因此，必须建立定置管理的检查与考核制度，制订检查与考核办法，并按标准进行奖罚，以实现定置的长期化、制度化和标准化。

定置管理的检查与考核一般分为两种情况：一是定置后的验收检查，检查不合格的不予通过，必须重新定置，直到合格为止。二是定期对定置管理进行检查与考核。这是要长期进行的工作，它比定置后的验收检查工作更为复杂，更为重要。

定置考核的基本指标是定置率，它表明作业现场中必须定置的物品已经实现定置的程度。其计算公式是：

定置率＝实际定置的物品个数（种数）/定置图规定的定置物品个数（种数）×100%。

定置管理是提高生产劳动效率的重要保证，可以使操作动作更加优化，最大限度地提高作业人员的劳动效率。

读了以上内容，各位读者可以思考比照一下，您的店铺实施了定置管理吗？您是这样严格认真地实施的吗？

第四节　定时管理

一、定时管理的原理及意义

定时管理是现场管理中一种将管理事项与执行时间紧密结合，增强实施检查效果的有效方法，是计划的一种表现形式，是PDCA实施过程中的一项主要工具。

许多机构都在推行一些改善措施，但是最终都不了了之，久而久之，员工对改善就不太容易保持激情了。对于这样的状况，问题主要出在两个方面：

（1）阶段管理目标（方针）不够明确；

（2）改善执行缺少有效的检查方法。

定时管理是改善策略完善后在执行过程中必须使用的最有效的配套方法。

二、阶段管理方针

大部分的机构改善，由于未能从企业远景规划的源头进行梳理，导致没有改善的总体规划，只能胡子眉毛一把抓，哪里着急就从哪里抓起。这样做短时间看是正确的，但只能是"头痛医头，脚痛医脚"地机械应对，无法有效地坚持下去，实施真正长期改善。

所有的问题都是系统问题的表象，在问题的背后还有错综复杂的交叉，必须厘清各种关系，才能真正有效地解决我们所看到的并且希望解决的问题。

1. 对全局问题的梳理

对全局问题的梳理，主要是帮助服务机构找到最高追求目标，找准企业发展的"道"。当这个问题找准以后，需要对业务模块进行梳理，主要是分析项目的合理性和客户对项目的真实感受，确定主打项目，然后找出当前需要做的工作。

对全局问题的梳理，有助于机构厘清总体业务脉络，从"头痛医头，脚痛医脚"的短视状态中走出来，知道当前需要做什么，为什么要做这些。这对具体的改善执行有深层的指导意义。

2. 对阶段性问题的提出

阶段性工作是指在全局梳理结束后，确定当前需要面对的改善工作，这些根据经验判断出来的改善工作所需要的时间周期，我们称之为"阶段"。

在这个阶段需要解决的管理问题，我们称之为"阶段性管理方针"。这个"阶段"，是针对全局管理的长期性而言的。

既然是阶段，总会结束。直接改善不是更快吗？不是！直接改善，一定会再次反复。之所以改善一个问题需要一个阶段，主要是为了通过改善、固化、反复执行，在一个阶段中养成正确执行的习惯，这个问题就不会再反复出现，这就是"阶段"的作用。

所以，每一个服务机构都需要理出自己的阶段性管理方针，掌握好这个有限的阶段，让问题的改善能够彻底，并养成改善后的新习惯，根除问题。

3. 逐步解决问题

图 3-3 中所有的圆圈，都是我们感受到其存在的问题，这些问题在不同的层次、不同的时间出现，需要管理者根据自己的经验，结合这些问题相互作用的逻辑关系，理出结构层次，明确解决这些问题的阶段。

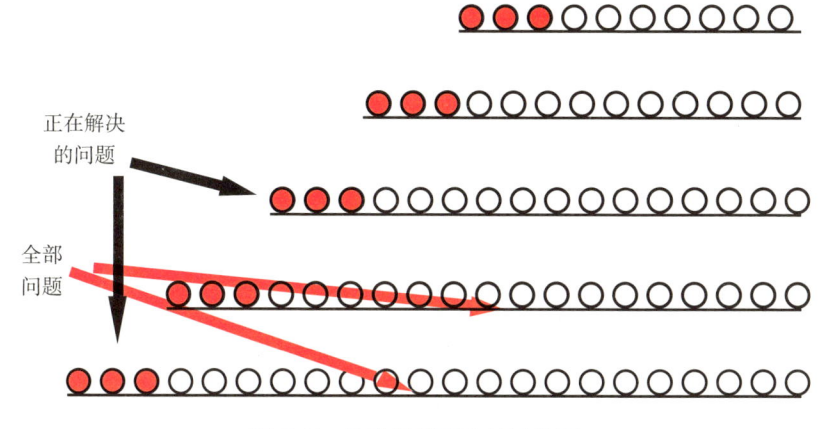

图 3-3　阶段性管理方针示意图

图 3-3 中的五组排列，最下面是最初面对问题时梳理出的三个"阶段性管理问题"。这个阶段过后，这三个问题被清除了，进入下一个阶段，又梳理出三个问题。经过这个阶段的改善、提高、固化，又消除了这三个问题，该进入下一阶段了。

由于问题是相互关联的，经常会出现这样的情况：当阶段性问题被根除后，原来曾经出现过的一些问题，也不再出现了。因为在处理其他问题的时候，也许消除了这些问题出现的部分因素，导致这些曾经出现过的问题不存在了。

管理的进步，关键就在于分层次解决问题，而所谓的解决问题，就是让这些问题彻底消失，不再反复。当我们面对"下一个台阶"的问题时，管理才真正上了一个台阶。

三、定时管理计划的形成

当阶段性管理方针整理出来，明确了这个阶段（也许是三周，也许是两个月）需要改善的目标任务后，需要着手实施定时管理了。定时管理的基本展开步骤如下。

1. 列出定时管理计划

表3-2是一份原始的店长定时管理计划。很显然，制订这份计划，主要是帮助店长养成定时检查工作的习惯。

在这份计划中，我们能够看到该店长这一阶段的重点工作有以下几项：

（1）对点检以及点检表运用的控制；

（2）店长自身的访谈式营销体验；

（3）对店铺日清日结的控制。

2. 按照计划执行检查

定时管理的所有改善内容，都需要设定相应的奖罚措施。这部分在关键绩效考核中，一般被列入"行为考核指标"中。

当计划展开执行后，管理者需要根据计划展开的时间节点制订定时检查计划，并在规定的时间内，对容易出现问题的节点实施重复检查，一方面力求杜绝问题发生，一方面通过反复检查，督促操作者养成正确习惯。

表 3-2　定时管理计划样本

店长一日定时管理		
时间	管理事项	情况记录
6：30—6：45	起床	
6：45—8：00	思考一天的工作思路，早会	
8：00—8：30	检查昨日点检记录及运用	
9：00—10：00	检查点检执行情况	
10：00—11：00	客户访谈	
11：30—13：00	午餐时间管理	
15：00—17：00	客户访谈	
17：00—18：00		
18：00—19：00	晚餐时间	
19：00—19：30	日清日结执行检查	
19：30—20：30	培训实施及跟踪	
注：未定时时间店长可以机动，店长需要外出时，需要委托代理人执行定时管理计划		

在执行检查的过程中，管理者一定要有记录的习惯。没有记录，就等于没有发生。这是一条管理铁律！根据详细记录的一周或一个月内重复检查的犯规次数，再结合计划制订时就商讨清楚的奖罚规定，行为考核就比较容易展开了。

3. 上级的交叉检查

针对问题多发的工作事项，在制订计划的时候，还需要设定上级的交叉检查。具体而言，针对一个问题，班组长已经设定了定时检查方案，但是由于这个问题的重要性，店长也需要在自己的定时管理方案中对这一问题设定检查周期，一方面确保这项工作不出错，另一方面也是在培养班组长的检查习惯。当这个问题全面杜绝，或发现班组长已经养成了对这个问题的控制习惯后，店长才可以降低检查频次，或不再进行该项检查。

改善是一个持续的过程，而检查是改善能否成功的有力保障。从检查中发现问题、解决问题，再次改善，循环往复，才能真正消除问题。

第四章
流程管理基础

机构想要留住客户,就必须做到让客户放心。我们发现,服务机构的流程管理做得越到位,客户就越放心。但是,流程作为企业运行的基础,在行业中被长期忽视。现在,是时候改变了!

第一节　流程管理的基本知识

一、流程管理的定义

1. 定义

流程管理（process management），是一种以规范化的构造端到端的卓越业务流程为中心，以持续提高组织业务绩效为目的的系统化工作方法。流程管理是一个操作性的定位描述，指的是流程分析、流程定义（包括重新定义）、资源分配、时间安排、流程质量与效率测评、流程优化等多项内容的组合。因为流程管理是为了客户需求而设计的，所以这种流程会随着内外环境的变化而不断被优化。

管理学大师迈克尔·哈默指出：对于21世纪的企业来说，流程将非常关键。优秀的流程将使成功的企业与其他竞争者区分开来。

由此可见，流程管理已经成为企业运营的战略核心。而流程水平则集中体现了企业的核心竞争优势。一个企业的流程水平的优劣，早已经不只是是否具有完整的流程、流程是否清晰可见等最基础的问题，而是体现在流程是否能够保证更加高效地实施生产或服务，是否能够更精准地控制设定的服务结果。

2. 问题与差异

当前的服务机构，每天的工作主要还是围绕着如何实现收入，如何搞促销，如何能快速回笼资金，而不是以客户满意为中心，通过流程分析实施改善，以达到更好的服务效果。

这样的做法又落后又短视，怎么可能成为有竞争力的服务机构？

更进一步讲，如果没有通过流程管理来不断提高客户的满意度，当前实现的收入究竟有多大意义？

以客户满意为中心，是企业转型过程中所谓重心转移的具体方向，也是精益服务的核心内容，而不断地运用流程分析推进店铺的改善和提高，应该成为服务机构经营者日常工作的主题。

二、基本原理

1. 流程运行的原理

流程管理的核心是流程，流程是任何企业运作的基础，企业所有的业务需要流程来驱动，就像人体的血脉作用一样，流程把相关的信息数据根据一定的条件从一个人（或部门）输送到其他人员（或部门），得到相应的结果后再返回到相关的人（或部门）。一个服务机构中不同的部门、不同的客户、不同的人员和不同的供应商之间都是依靠流程来进行协同运作的。

流程在运行过程中可能会带着相应的数据，如文档、产品、财务数据、项目、任务、客户等信息，如果运行不畅，一定会导致这个企业运作不畅。一个服务机构是否能够高效、精准地运作，完全取决于流程标准所能够达到的水平。

2. 问题与思考

作为一个服务机构的运行者，究竟有多大程度在关注机构的流程运行情况呢？行业中大多数人都在寻找构建核心竞争优势的方法，这就是方法——让您的流程更高效、更精准！

流程运行过程中的数据、表格、文档受到关注并有针对性地处理了吗？

标准在流程中是如何被执行的？是如何被忽略的？是如何被优化的？

流程是否已经覆盖了所有的业务行为？

第四章
流程管理基础

如果管理者对这些问题还没有关注，说明服务机构的流程管理还没有开始。这应该就是当前第三方服务机构无法获得更多客户的信任，而处在大量等待浪费中的根本原因吧！

三、基本原则

流程管理的原则是：流程因客户而存在，流程管理的真正目的是为客户提供更好更快的服务。

流程的起点是客户，终点也是客户。在实际工作中，由于部门之间、岗位之间的关联，常常让执行者们忽略了客户的存在。当客户被忽略的时候，流程的价值就很容易被忽略，而没有了价值追求的流程，标准就无法发挥作用。这种现象的广泛存在，导致大量的服务机构的流程标准失效。

从为客户服务出发，流程管理有以下六条原则：

（1）树立以客户为中心的服务理念；

（2）明确流程的客户是谁、流程的目的是什么；

（3）准确找到该流程的价值点，以之判断标准制约作用的有效性；

（4）在突发和例外的情况下，从客户的角度明确处理事情所坚持的原则；

（5）关注结果，基于流程的产出制订绩效指标；

（6）使流程中的每个人具有共同目标，对流程追求的价值达成共识。

这六条原则可以说就是管理者日常主要工作内容的具体体现，它们形成了管理者营业额之外的另一种工作目标。在这个目标之下，所有问题都相互关联，形成了以流程作为表现形式的管理体系。只有回到这个状态，有效的管理运营才真正开始。

第二节　认识流程，学会编写流程

一、对流程体系的认识

如图 4-1 所示，流程是一个体系，它不仅仅是在一个平面上展开的体系，而是在多个层面上展开的立体结构的体系。

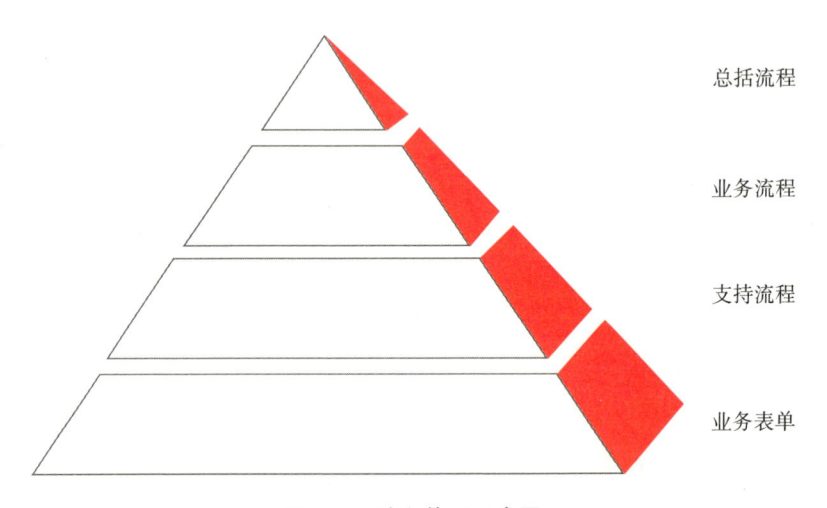

图 4-1　流程体系示意图

在流程体系中，总括流程类似于核心理念一样，主要是指公司是做什么的，是为谁服务的，所以，总括流程是高度概括的。

业务流程是指所有业务（产品或服务形成）过程中的相关流程。

支持流程是指为提供相关支持的部门而制订的所有流程。

业务表单是指流程过程中相关节点具体体现工作情况的各种业务表单。

作业指导书是流程的一种特定形式，特指由一个人独立完成的单一项目执行规范。

第四章
流程管理基础

管理者只有对流程有一个总体认识，才能更好地学习流程、掌握流程并有效地运用流程，对日常工作进行有效管控。

二、流程八要素

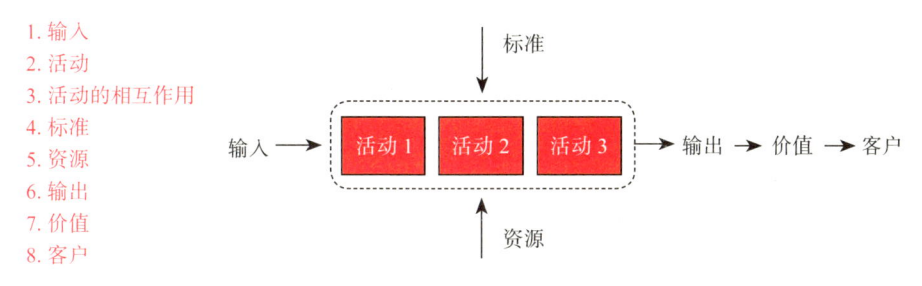

1. 输入
2. 活动
3. 活动的相互作用
4. 标准
5. 资源
6. 输出
7. 价值
8. 客户

输入 → 活动1 → 活动2 → 活动3 → 输出 → 价值 → 客户

标准↓　资源↑

图 4-2　流程八要素示意图

流程的核心价值在于通过输入不同的资源，通过人和设备的作用过程后，得到既定的结果。可见，流程的关键作用在于过程的有效性，这种有效性是通过对结果的评价来界定的。

每一段流程都是按照事情发展的顺序展开的，但是对流程的理解与运用却又是倒着来的。如果对每一段流程都不能正确理解，流程将失去作用。而这种理解，就是从客户，从项目本身的价值定义开始的。

客户接受了项目服务，更准确地说，他们是接受了该项目所承载的准确的价值定义。是这个价值定义决定了输出结果的检验标准；要想保证输出的结果达到这个标准，过程中就必须发挥标准的作用。一旦标准失去作用，输出的结果就很难保证是客户需要并理解的服务价值，就不能达到客户满意。

任何一条流程（一项工作）的展开，都需要消耗场地资源、人力资源、产品材料资源、时间资源、水电资源等等，如果结果不可控，就可能导致输入的这些资源全部或部分浪费。

因此，一段流程的编写要领在于准确掌握客户的需求，明确需求内涵的价值。而价值是由相关的标准来界定的，也就是说，只有在实施过程中严格执行各种标准，才能保障输出的结果是符合客户对这个项目的价值需求的。

流程管理的八要素通过分解流程，归纳出了各个节点的具体内容。

1. 输入和输出

（1）信息包括：客户需求，订单，指令；

（2）物料包括：原材料，零部件，半成品，产成品；

（3）资金包括：应收账款，应付账款，费用支出。

2. 活动与活动之间的相互关联

在不同的场景，活动与活动会呈现出不同的关联关系。

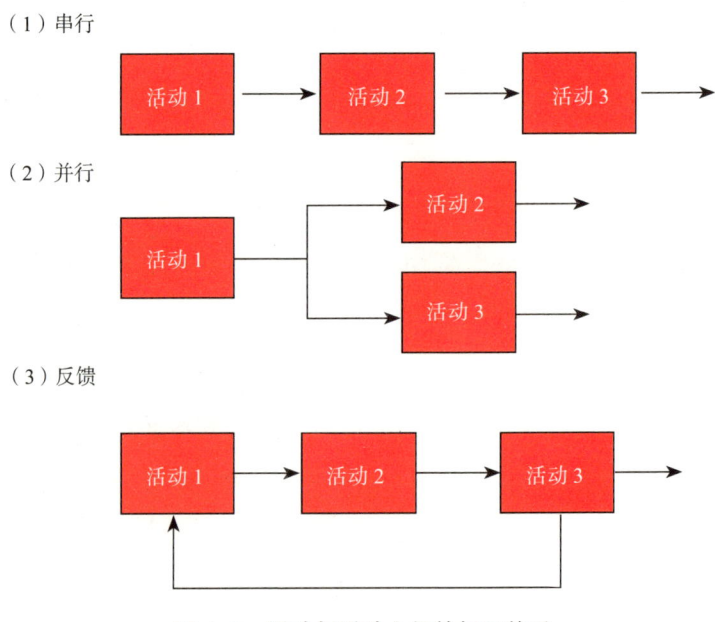

（1）串行

（2）并行

（3）反馈

图 4-3 活动与活动之间的相互关系

第四章
流程管理基础

3. 标准（业务规则）

（1）流程活动的执行标准（如项目验收时使用的质量标准）；

（2）流程活动的方式要求：QFD（质量功能展开）、FMEA（失效模式分析）……

（3）其他规则：地点，审批权限。

注：

QFD：即质量功能展开。是把顾客或市场的要求转化为设计要求、零部件特性、工艺要求、生产要求的多层次演绎分析方法。它体现了以市场为导向，以顾客要求为产品开发唯一依据的指导思想。

FMEA：即失效模式分析。是在产品设计阶段和过程设计阶段，对构成产品的子系统、零部件，以及对构成过程的各个工序逐一进行分析，找出所有潜在的失效模式，并分析其可行性的一种方法。

4. 资源

资源是指那些输入的人、财、物、场地、信息、知识等。

这些要素都是以费用、折旧或待摊等方式反映在成本中的。

5. 价值

价值是指流程输出所产生的效果。不同的效果传递给客户不同的价值。

6. 客户

客户是指流程输出的价值的接收者，包括外部客户和内部客户。

通过上述流程八要素的分解，我们不难理解：

（1）任何一段流程的实施，都需要消耗相应的资源，这些资源包括场地、人力、材料、过程表单、相应的设备和工具等。一旦流程失效，这些投入就会出现不同程度的浪费。严重的流程失效甚至会造成全部投入浪费。

（2）对需求价值的理解必须精准，因为任何对需求价值的错误理解，都将导致结果偏离需求，产生浪费。

（3）对标准的实施与运用，是流程管理最关键的要素，这里的标准也称为"业务规则"。当流程实施时，标准没有发生作用，流程就失效了。此时出来的结果一定是不可控的，可能是所要的结果，也可能不是既定追求的结果。

（4）关注客户的需求、精确地掌握客户的需求是流程运行有效的核心。

请结合"七种浪费"思考这些内容。

掌握流程八要素的主要目的在于了解每一条流程是怎样起作用的。熟悉了这八个要素的基本要求，大家就不仅能够对照要求整理出有价值的流程，更重要的是能够在实践中运用八要素，分析当前的每一条流程的作用点与失效点，真正改善流程的实施效果。

第三节　如何判断流程的优劣

当流程被设计出来以后，就需要放在实践中大量运用，这个运用过程需要被操作者和管理者持续关注。按照精益服务"尽善尽美"的要求，流程从开始使用就已经进入持续改进阶段了。

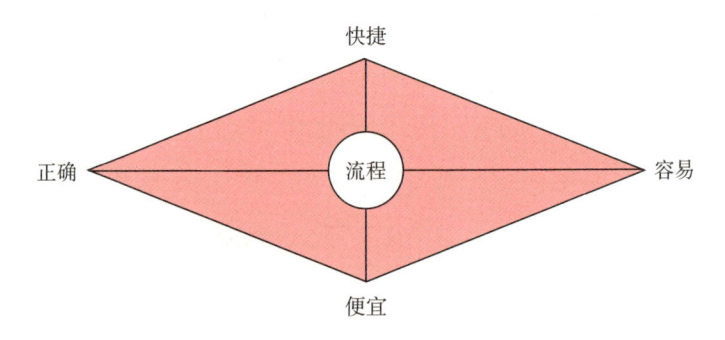

图 4-4　识别流程优劣的四要素

第四章
流程管理基础

一、正确

首先，正确的流程步骤是流程设计和改善的基础，没有了正确性，其他三个方面就没有意义。实施流程管理最核心的追求就是要控制结果。换言之，只要能够使结果得到保证的流程，都可以说是正确的流程。

然而，有些流程虽然能够出现设定的结果，但是如果无法保证每次出现的结果一致，这样的流程也谈不上是正确的流程。

然而，并不是所有能够保证结果的流程都是好流程。好的流程应该不仅能够控制结果的有效性，还应该同时具备高效、简洁、低成本等多重因素。所以，正确的流程并不一定是好流程、优秀的流程、卓越的流程。

完美的流程是需要不断设计、实践、打磨的。正是因为流程有优劣之分，不断优化流程的企业才会脱颖而出，从普通的企业成长为优秀的企业，甚至卓越的企业。而那些不懂得使用、优化流程的企业，也将渐渐被市场淘汰。

二、快捷

让流程变得越来越有价值是一个持续的过程，这个过程就是持续改善的目的所在。

流程优化的第一步，是在保证结果控制的前提下，让过程变得更加快捷、高效。

快捷本身既是流程设计时应该关注的要素，更是流程改善过程中需要首先关注的要素。对于"快捷"的理解，主要在于流程步骤的设计方面，需要仔细推敲、比较，明确每一个步骤是否都是必要的，都和需要控制的结果有必然的联系。如果没有，这个步骤就应该取消，使流程能够满足快捷的优化要求。

客户的时间是宝贵的，快速交付车辆甚至可以成为店铺的一项重要竞争优势。

行业早期的一批优秀企业都曾经很好地使用快速、准时交付，获得了很好的竞争优势。它们成功地运用这个竞争力，获得了某一个时期的快速发展。

三、容易

让流程操作起来更加容易，是流程改善的第二个关注点。

为了让流程实施变得更加容易，改善者往往着眼于过程中使用的工具和方法优化，或者是部分材料的替换。但是，无论如何改善，都应该首先着眼于对结果可控性的保证，而且要满足快捷、节省成本的综合考虑。

单纯只追求流程的"容易"，不是成功的改善。我们可以通过具体的案例进行分析。

比如在美容抛光项目过程中，就出现了相互制约的矛盾：使用羊毛盘在一定的转速条件下，可以大幅度提升工作效率，但是它带来的问题是，需要操作者具有更高的作业技术水平，否则就可能将漆面刨穿露底，造成破坏性后果。

选择海绵盘并调低转速，能够使操作变得更容易，这虽然让更多的操作者能够实施这个项目，但是作业时间就会拖长，和快捷标准产生冲突。

在这里，工具的选择、转速的调整、人员的技能三者之间是互相制约的，只有在通盘满足这三方面的要素均衡的时候，抛光工作效能才能稳定提升。

四、便宜

流程控制除了保障结果之外，还要追求快捷与容易，从而降低运行成本。这是流程改善的核心要求，也是精益服务的核心追求。

在精益服务的核心原则中，关于价值流方面的要求，便宜绝对不是简单地采用更差的配件或材料，达到降低成本的目的，而是根据交易的项目价值定义，准确地选用相应的材料，也包括使用价值相同的新型替代材料，以达到降低成本的目的。

另一方面，即使是同等材料，也需要在采购管理上下功夫，降低成本，使流程逐步达到更加便宜的效果。

提高效率本身就是综合降低成本的最佳途径。综合以上几点，我们可以通过更多的途径让流程实施变得更便宜。

通过以上四个方面的流程优化，是否已经理解了持续改善的基本含义呢？从各个方面对关键步骤指标逐步加以优化，就是在不断地小幅刷新标准，使流程不断优化。正是通过这样的流程优化，才逐步提升了工作效率，降低了综合运行成本，从而提升了项目的竞争力。

第四节　当前行业中流程管理存在的问题及规避

当前，业界各类服务机构的流程管理存在着大量的问题，这形成了客户在"放心"方面的最大障碍，主要表现在以下几个方面。

一、主要的问题

（1）对流程的立体结构认识不清，没有按照层级关系建设流程，保持流程构建的科学性和全面覆盖。

（2）当前使用的流程是抄来的，根本没有理解流程管理的含义。

（3）服务机构一直实施的是"以现金回流为中心"的运营模式，没有关注客户的感受。即使有流程，也是以现金回流为中心的，核心价值发生了严重偏移，判断的标准也就随之偏移了。

（4）当服务机构不再将客户价值作为主要关注点的时候，操作者对一段流程的价值点的理解就出现了偏差。

（5）流程的价值点不明确，导致标准的作用力下降。因此，每一段流程实施过程中，我们都很难看到标准所发挥的作用。

在每一次的大规模培训中，大家普遍意识到了这些问题，并一致认为必须回归"以客户满意为中心"的运作模式，否则流程管理无法发挥应有的作用。但是，这个流程中心点的转移，是在各种力量已经形成长期习惯的状态下进行的，实施起来非常不容易。此外，随着服务机构运转的日趋困难，以现金回流为主导的习惯行为就更难撼动了。从这个意义上讲，大多数老的服务机构可能都会面临淘汰的结局。

二、应对的措施与方法

1. 决策者的观念改变

当前服务机构面临的生死考验，其实关键就在决策者的一念之间：目前服务店铺基本的运营核心都在于以现金回流为中心，决策者每天关注的是营业额有没有降下来，利润能不能保住。服务店铺基本上拿不出每个月的客户满意相关数据，也无法拿出真实的返工数据，更没有对相关业务流程的反复推敲。此外，当前服务店铺数量已经出现过剩，竞争状况日趋激烈，营业状况受到前所未有的考验。在这个时候让决策者做出如此艰难的选择，相当不容易。

还有一种错误认识一直在左右着决策者们。大多数决策者认为，一旦以客户满意为中心，店铺就会迅速牺牲大量利益，或付出更多的成本。实际正好相反，当店铺以客户满意为中心展开运营，流程将更加顺利，客户将更加满意，收益反

第四章
流程管理基础

而会显著提升。

当决策者真正认识到，不这样做就出局时，他们还是会决定转变的。关键在于，这样的转变单靠决策者自身的力量还无法实现。这是一个庞大的系统工程。只有真正杰出的决策者，通过边学习、边改善，或者在外力的辅导帮助下，才能真正启动有效改善，才能让机构获得新生。

目前，已经有越来越多的店铺和机构认识到这个问题，并积极与我们联系，希望通过精益服务的辅导与帮助，来推动内部服务体系的有效改善。

2. 营销人员的观念改变

在《访谈式营销》这本书中，我讲述了联众精车各店铺实施客户网箱管理的案例。

为了让营销人员（我们叫 CM）转变观念，我们在客户管理方面所做的第一个改变是，将 CM 每月按照销售收入所计算的提成拿出 40%，放到年底汇总。店铺再拿出这个留存数总额的 20%，做客户管理有效性的激励。

我们希望 CM 能像制造企业的外贸跟单员一样，虽然是企业的人，但是专门为客户服务的，客户才是他们的衣食父母。我们通过网箱将店铺的 100 名客户交给 CM，由他们进行管理开发。在年底兑现的奖励中，主要是通过客户满意度、客户转化率、新增消费项目等几项指标来决定奖金的发放对象。

这就是在帮助营销人员从"以现金回流为中心"的主导思想转变为"以客户满意为中心"的主导思想。只有实现了这样的转变，店铺才能获得可持续发展。

通过这种方式，我们希望 CM 们获得以下转变：

（1）CM 不再重视短期收入，而在乎全年度收入。

（2）当分配时间拉长后，客户的后续消费才会受到 CM 的关注。他们会逐步增强对客户的责任心，有效实施客户关怀计划。

（3）客户在获得对应的专业服务人员的关怀后，能够逐步增加对店铺的满意度，从而增强消费信心。

上述部分阐述的主要是服务机构投资人和关键营销岗位人员核心价值观的转变。只有核心价值观念的有效转变，流程的管理才能起到作用。

正是因为服务机构对客户的关心开始了，每一条流程中的价值点才会凸现出来，而只有在这样的前提下，标准在流程中才能起到制约作用，流程管理才能起到实际效用。

3. 流程需要倒过来用

一条流程在被人们看到的时候，是从"输入"开始，经过"过程"再到"输出"的，其中包含的"资源""规则""客户""价值"等重要因素，都隐藏在流程步骤以外。因此，大部分流程运用就变成了简单的项目实施步骤。流程在失去了这些要素以后，就不能起到应有的控制作用了。

正确的流程运用，是从最后的"输出"部分的几个要素往前推导使用的。面对一条流程，首先需要确定的是：这条流程针对的客户是谁？必须保障什么样的价值才能满足客户的需求？这个时候才会触发到资源投入，以及规则的作用力。

我们将这个过程称为"流程运用"。只有通过大量的流程运用，才能不断锤炼流程，使过程更加简洁高效，使标准能够逐步刷新。

讲到这里，也只是将流程管理开了个头。将流程汇总，形成有效的框架体系，还需要通过大量的组织工作。这些内容将会在《汽车服务流程管理》一书中详细解说。本书关于精益服务体系的知识基本告一段落，接下来就是运用方面的实战技能。

当然，只是依靠这些基础知识，仍然是远远不够的。我们只是帮助从业者从行业的角度了解精益服务的理论体系，降低了对体系进入的难度，而且精益服务体系本身还在持续完善的过程中，大家还需要借助更多的参考书来进一步丰富自己的专业知识。

改善已经开始，您做好准备了吗？

第五章
精益改善的三个冲击波

实践是检验真理的唯一标准。如何将管理落地执行也是读者们比较关心的问题。接下来，本章将通过对精益改善的三个冲击波的论述，进入实战环节。实战中会反复用到前述章节的理论和方法，希望大家在掌握了基础知识后多回顾，多加深理解，真正做到理论指导实践。

在前面的章节，我们从精益服务的理论体系入手，展开讲解了流程管理、现场管理的基本理论和方法，相信读者们已经拥有足够的学习基础，接下来，让我们带着从前面学到的知识，一起进入精益服务的改善实战吧！

进行精益服务的改善实践，首先需要明确精益服务实施的步骤。一般来说，精益服务在一个机构的实施分为以下两个主要阶段：

（1）结合行业特殊性的体系导入阶段；

（2）常规持续改善阶段。

如何厘清两个阶段的时间呢？我们一般认为，当一个机构希望通过导入精益服务体系改善经营时，就开始进入了体系导入阶段，这个阶段一般持续9—12个月。在这个阶段，我们使用名为"三个冲击波"的独特方法，对机构实施精益服务体系导入；而在机构的精益服务基础模式导入完毕后，机构会进入持续改进阶段，这时，我们采用"六步法"作为主要的工作手段，进一步深入展开对机构的体系建设。

本章将就体系导入阶段进行深入探讨。

什么是体系导入阶段的三个冲击波呢？这是我们根据体系导入阶段的不同内容进行的划分，其中：

（1）第一冲击波——改善理念，导入精益服务体系

（2）第二冲击波——美容项目的运行标准化

（3）第三冲击波——快修项目的运行标准化

大量的顾问经验和实践已经证明，通过三个冲击波，可以将精益服务体系有序、高效地导入店铺中。接下来，我们将会详细说明单个冲击波的具体实施步骤和注意事项。

精益汽车服务

第一节　第一冲击波——改善理念，导入精益服务体系

一个服务机构开展精益服务体系导入的初期，我们称为"第一冲击波"。这个阶段主要实施理念的宣传导入，并且开始体现标准在改善中的作用。

一、以培训为主导宣讲理念

在服务机构导入精益服务之前，必须确认该机构当前的工作状态。也就是必须确认服务机构在这个时期遇到的困难，并不是大家不想努力造成的，而是在面对市场格局变化时手足无措、工作没有目标和章法所致，全员上下都需要一条看得见的、能理解的、清晰的机构发展之路和个人发展之路。如果能帮助全员找到这条路，工作和学习的激情又会重新回来。

明确这一点非常重要，这是决定精益服务能够成功导入的前提。换句话说，精益服务将为那些一直努力却没有明确方向的机构带来新生。但对那些浑浑噩噩、自甘沉沦的机构来说，不适应时代，不谋求改变，是任何理论、任何方法都无法拯救的。

正如《车业服务店铺经营管理指南》中所强调的，清晰的、完整的、坚定的经营管理思想，是机构成功运行的前提条件。而随着市场的变化，机构的经营管理思想已经不再清晰，今后的路如何走下去已经变得不再确定，辛苦工作并不能带来显著的业绩提升。这时候，机构需要的是新阶段的"清晰的、完整的、坚定的经营管理思想"，精益服务为此而生。因此，所有有这类改善经营需求的机构才是精益服务的目标客户。

1. 精益服务基本原理宣讲

初始阶段主要是进行精益服务基本原理的宣讲。宣讲的重要目的就是帮助大

第五章
精益改善的三个冲击波

家看清当前的问题，统一认识，明确方向，找到一条持续发展之路，并帮助大家认识到服务机构当前的"七种浪费"所造成的成本负担，认识到提升服务效率的必要性，特别是认识到"以客户满意为中心"的重要性，从而带领大家回到正确的商业竞争认识中来，并对竞争优胜产生渴望。

当所有成员都能坚定地认识到，只有让客户满意，机构才可能获得持续有效的发展，这时，服务机构的日常运营的中心，才有可能回到"以客户满意为中心"的运转模式上来。思想的转变需要一个过程，也需要全员的相互感染。值得一提的一点是，精益服务"以客户满意为中心"的价值观是当前服务业的最主流价值观，这点很容易得到全员的认可和坚持。

接下来，我们要通过导入"商圈作战"的原理，让全员了解客户的广泛存在和市场需求的特定内容，掌握竞争对手的动向：还在原地徘徊？说明他们不难战胜；已经启动？我们更不能犹豫！

然后，通过"项目立项管理"，针对每一个服务项目，从客户需求的立场重新进行梳理、整顿，实施流程管控。

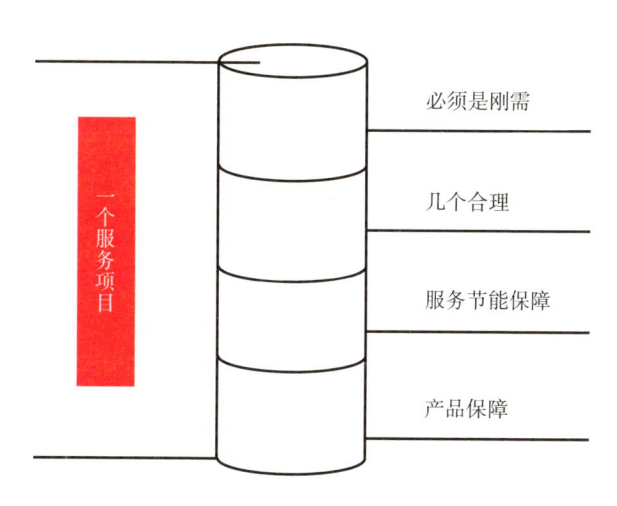

图5-1 精益服务基本原理宣讲图

随着这些举措的有效实施，逐步帮助全体人员坚信：当服务机构进行了正确的持续改善后，客户需求仍然是大量存在的，足以支撑店铺获得持续发展。但是这种改善意味着每一个人都需要改变，需要适应新的环境要求。

当大家掌握了这些规律，并且认可了这些规律后，就会热情地参与进来，通过共同学习与改善，获得机构与个人全新的未来。

在这个基础上，服务机构实际上重新建立了适应新时期发展的"清晰的、完整的、坚定的经营管理思想"，让每一个人都从迷茫中走出来，在一条清晰的道路上前进。

2. 流程管理知识的宣讲

精益服务是以流程管理为基础的，通过对流程管理的学习，大家可以认识和理解全新的管理控制手段，并能够运用科学有效的管理方法运营店铺。运用流程管理，可以让机构的管理运营与绝大多数竞争对手的管理运营产生明显的区别，这几乎是所有人都感兴趣的。

更重要的是，流程管理是真正有用的实战工具。通过流程管理，机构才更能够发现之前在服务过程中存在的大量问题，才能意识到过程控制的重要性，并不断加深对服务价值的理解，正确认识标准的作用力，建立对未来运营的信心。

所有的流程管理培训，都是通过与当前业务运行的对比进行的。通过对比，大家能够更清楚地意识到今后即将进行的变革是什么。这个阶段对员工而言也有着更大的价值，管理者将帮助每一个人通过流程管理获得"职业新生"。

3. 商圈作战的导入

通过对商圈作战的讲解与实践，帮助大家充分认识到机构周围的客户的存在状况，建立"潜在客户存量"的意识；掌握竞争对手的优势与不足，认识到机构实施精益服务后将获得个人改善与客户满意改善，提升机构和个人的经营水平和竞争优势，从而进一步激励全员努力实施改善。

第五章
精益改善的三个冲击波

商圈作战的系列实战活动，既能锻炼队伍，又能帮助服务机构建立健全客户基础资料和竞争对手资料，让所有参与者建立起"帮助周边客户进行常规保养业务"的使命感；帮助大家将机构之间的竞争、个人之间的竞争具体化，通过这些竞争意识，增强全员学习和改善技能的信心，对"知识存量"的价值产生认知与理解，促使大家能够更热情地投入到学习和改善中来。

4. 标准化作业原理讲解

通过对标准化的学习和理解，帮助大家找到客户"需求"与"放心"的"结合点"，找准努力的方向，帮助大家认识到，自身不良习惯给客户留下的心理障碍是阻碍客户消费、造成店铺等待的关键原因。

重树全员信念：只要标准化服务做得好，店铺就更具有竞争优势，能够获得客户更多的青睐，让客户将更多的服务项目放心地放在本机构消费，从而逐步消除等待，稳步提升营业水平。

5. 现场管理的导入

通过学习与训练，帮助大家认识到现场对客户消费的重要暗示作用，通过5S管理、现场定置管理等方法，让自己提升，让机构提升，让客户放心。掌握现场管理的"七重境界"，对比竞争对手的状况，迅速改善自我，创造竞争差异，是获得客户满意的重要途径。

6. 访谈式营销原理的导入

随着精益服务理念的逐步深入，访谈式营销的训练也随之开始了。

营销人员不再向客户做简单推销，不再急于要求客户成单，而是不断充电，提升职业素养与理论水平，做好服务工作，做好客户的顾问与老师。让营销团队意识到自身在行业知识、专业知识、汽车基础知识方面的不足，建立"4：1信息不对称"的优势。让大家掌握访谈式营销一阶、二阶、三阶的标准与差异，找到进一步学习与成长的空间。

精益汽车服务

这些培训与实践是让服务机构步入改善状态的"心理攻坚战",也是一个重要的造势过程,因此我们称之为"第一冲击波"。第一冲击波的成功,意味着服务机构重新找到了新形势下的机构盈利模式,"清晰地、完整地、坚定地"推进管理运营。第一阶段导入期的成功与否,将直接决定这个机构的精益服务导入是否成功。

二、以洗车标准化为契机感受改变

与理念导入同步开展的是洗车标准化的改善,它也在第一冲击波中陆续展开。

作为第三方服务机构,店铺一般都是以洗车作为集客的基本手段,再逐步改变客户的消费习惯,转化客户,增加营业收入。由于长期的经营疲软,洗车质量严重下滑,员工在等待过程中逐步丧失了责任心。洗车标准化的实施,洗车质量的显著提升,是最容易让客户发现机构人员在精气神方面发生重大改变的"窗口",是客户重塑消费信心的关键。

增强客户满意度,吸引更多的商圈客户到店,为后续的访谈开发奠定客户基础——大家找到使命感后所爆发出来的责任心,能对客户产生重大影响。

通过无数次的洗车标准化改善,我们可以明显感受到客户对这种改善的期待。他们在接受服务的同时,也非常重视服务的不断改善。这一切,已经在过去无数次的顾问改善案例中得到反复验证。

只有在客户对洗车服务特别满意的时候,才会积极体验店铺推荐的其他服务项目。

三、恢复信心再创辉煌

当客户赞誉来临的时候,更多的人员将进一步增强自信心。随着各种战术技能

第五章
精益改善的三个冲击波

培训的深入，这种自信心将逐步积累、增强，最终形成机构和人员整体的运作信心。

改变首先来自机构自身。当机构自身的改变得到客户不断好评的时候，全员对后续的改变就更加期待，对改善以后的商业运营也就更加有把握。

在这个过程中，全员学到了更多的战术名词，人们通常会因为掌握了这些战术名词而陶醉。而主管们需要把握的是，不要只是停留在对这些战术名词的表面理解上。每一个战术名词背后，都是一套战术方法。员工们需要通过大量的实践来掌握这些战术方法，并且在未来能够独立运用这些方法。也正是对这些战术方法的熟练掌握和运用，形成了机构与个人在市场竞争中真正的优势地位。

总之，第一冲击波是后续改善发力的重要基础，如果在这个阶段没有能够做到全体动员，使员工充分意识到新模式的力量与价值，以及新模式运行给每一个人带来的能力上的差距与挑战，认识到掌握方法、实施改善所带来的机构成长与个人成长的必然性，都意味着第一冲击波的失败。可以确定，如果第一冲击波失败，基本上意味着这个精益服务改善项目已经失败了。

管理者们必须重视第一冲击波的基础作用，打好这个基础，后续的持续改善才能水到渠成，事半功倍。

第二节　第二冲击波——美容项目的运行标准化

在第一冲击波进展到一个月以后，第二冲击波开始启动。为什么在第二冲击波中选中美容项目呢？主要考虑以下三点：首先，美容项目是距离洗车最近的服务项目，能最大限度地发挥洗车的集客作用；其次，美容项目与机修不同，并不需要太高的技术含量，容易操作；最后，客户在美容项目的消费选择上，除了根据自己的实际需要之外，很容易被服务机构的精气神感染，从而选择立即消费。

了解到这三点，我们就会发现，改善美容项目势在必行。实际上，经过改善的服务机构，精神面貌焕然一新，显著带动了美容项目的增长。

一、美容项目的立项管理

在第二冲击波中，重新梳理美容项目是一个非常关键的步骤。许多机构的运营问题，大多数都能在产品项目化过程中找到关键原因。这里说的立项管理，其实就是产品项目化的过程。

产品项目化过程，主要是针对一项产品如何转化为客户需要的服务，也就是找到DIFM与DIY的关键区别，让营销者、技术操作者、材料供应者、客户等各方面共同关注，共同建立信心的过程。在这里，请特别注意"精益服务四原则"的运用，在流程涉及的多个方面，要充分讨论项目的价值，重新定义价值。

美容项目的梳理，主要从以下几个方面入手。

1. 关注车主必做项目

在美容项目的梳理过程中，选择主推哪些项目非常关键。我们建议关注那些客户必做、周期性强的小项目，将精力主要集中在打蜡、内饰清洗、发动机清洗等基础项目上，并促使团队瞄准总体洗车客户数，追求客户单项消费参与比例的逐步提升。

龙之助"立即行动营"优秀学员单位长春美途就成功运用了美容项目梳理，成就了美容业务持续提升的良好改善。他们首先集中精力转化洗车客户做打蜡项目，由于项目梳理清晰，客户需求把握得好，当营销团队通过努力，帮助店铺55%的洗车客户养成打蜡习惯时，该店铺每月打蜡单项的固定收入已经达到4.8万元了。这为美容业务部门完成10万元/月的业绩目标奠定了重要基础。

"打蜡项目客户比例提升"是一个典型的黑带改善项目，长春美途在这项改善过程中操作得很漂亮。也许他们的下一个黑带改善项目就是发动机清洗项目的客户比例提升了。

2. 改善价格，让车主充分感受服务价值

行业发展到今天，几乎每一个店铺的美容服务项目都处在被客户认为是"忽悠""项目服务不实"的阶段，如何通过价格梳理改变客户观念，迅速达到亲民的实际效果，是第二冲击波中美容项目梳理、项目价格呈现的关键。

准确设定单项消费价格、体验价格、套餐消费价格，摒弃暴利思想，回归服务本质，是实施这项工作的指导思想。

3. 设计合理的活动营销方案

当产品、价格、项目梳理清楚后，可以进行一些活动营销策划。

不妨把这场活动营销看成是客户对精益服务导入一个阶段的效果检验。通过洗车质量、美容项目定价以及美容作业标准等多方面改善后的提升及员工精气神的全面改善，观察客户满意程度，运用活动营销的方式来一次美容服务项目的集中传播。

建议在活动营销过程中，以访谈式营销为基本手段，多讲解，多体验，少推销；关注客户的体验感受，关注客户的转化数量，细心尝试访谈式营销，推动客户在美容项目消费方面的理性回归。

二、项目K-H的形成及学习

什么是重点项目？所谓重点项目，是指那些全员高度重视并认为客户必须消费的项目，值得全员重点关注，并从产品知识、操作技术、实际效果等多方面达成共识，更重要的是让客户在消费中也得到充分认同。所以，以专业的态度重新学习与积累，非常必要。

这也是精益服务四项原则中的第一原则——"准确定义项目价值"在全员中的实施。这同时也为第三原则"价值流动过程中，保持价值的一致性"做好了全员关注的准备。

行业中有不少优秀的企业具备形成项目K-H的能力，其中卡泰克作为汽车美容领导品牌，他们制作的《美容手册》非常有价值，这就是典型的项目K-H。当然，这是卡泰克自身的"知识存量"积累所形成的。他们将客户可以选择的美容项目进行分类，哪些是必做系列，哪些是选做系列，清楚地讲解必做系列的原因。

例如在内饰清洗项目中，他们向客户解释，在汽车内部空间中一共有多少处拼接，这些拼接的缝隙中容易隐藏细菌，而在高温暴晒状况下，车内会因温度过高而导致细菌变异，以此来说明内饰清洗的必要性。过程清晰、内容直观，非常专业。这就是在美容服务项目方面所做的有效的"精益"改善。

三、过程能力的改善状况

第二冲击波的几个组合动作，实际上主要目的在于改善服务机构在洗车美容方面的过程能力，进而提高客户的满意度，获得营业水平的有效提升。

我们再来回顾第二冲击波的整体思路和立足点：

（1）进行项目梳理，是站在客户角度，让项目更合理，更受客户欢迎；

（2）过程能力改善，则是第二阶段非常关键的保障手段；

（3）进行活动宣传，是为了面对客户群体做更好的告知。

从中可以清晰地看到，当针对美容项目的立项管理流程完毕后，围绕着每一个服务项目的过程能力改善相关活动，是第二冲击波的关键工作，需要引起足够的重视和细致展开。为此，下面制订的《过程能力指数对照表》（见表5-1），可以帮助各位更好地理解和训练过程能力。

表 5–1　过程能力指数对照表

岗位人员	相关技能方向	技能水平	提升训练	达标状况
全体人员	精益服务四原则	认识水平	相关者反复讨论	达成价值统一
营销人员	营销K-H的掌握	沟通层次与技巧	反复讲解训练	通过标准考核
技术操作人员	技术操作要点掌握	用标准控制提升	反复练习	通过标准考核
材料管理人员	对材料价值的保障	不随意更换材料	奖罚规则	加强监控

每一个项目的相关人员都有与项目价值相对应的过程能力指数要求，在项目梳理过程中，这些要求需要清晰可见，并形成对相关岗位操作者的考核标准，逐步提升服务机构在这个项目实施过程中的过程能力指数。在店铺运营过程中，不断提高的过程能力指数，能在保障客户消费的满意度中起到重要作用，并将带动这个项目在客户群体中不断被扩大消费。

在表5–1的具体运用中，要针对每一个重点项目都提供这样一份表格对照，按照项目标准向各岗位提出严格的技能标准，并通过此表显示各岗位相关人员实际掌握的技能水平和工作水平，形成相应的过程能力指数。

四、活动推广实现精准告知

当一切关于美容项目的服务都准备好以后，应该考虑为重新立项管理之后的美容装饰服务项目设计一场项目促销活动，并将我们所实现的改善状况广泛告知客户。

设计这样的活动不能草率，因为这种亮相将极大地影响客户对门店的认知，必须仔细策划。实际上，正在运用精益服务思想来运营的门店，每一项活动都应该是细致的。尤其以下几点需要注意：

（1）保证客户能够从活动涉及的项目服务中得到切实的优惠；

（2）尽量做到所有的操作层面都能够向客户集中展示岗位员工通过学习获得项目认知水平和服务意识的有效提升；

（3）向客户展示业务技能水平的有效提升，使项目技术服务更具保障；

（4）向客户展示整个服务机构在各个项目中的"过程能力指数"的显著提升。

如果前期准备充分，活动的成功就是将该展现出来的改善有效告知了客户。试想，什么样的客户会拒绝流程合理、作业标准、价格适当的服务呢？可以预见，门店将在大幅度提升客户信任度的基础上，获得客户集中消费项目的机会。这种活动营销可以将营业水平提升到一个高度，并在后续的时间段，通过保持客户在服务过程中的良好感受，持续提升营业水平。

第二次冲击波选择了在客户心目中操作技术含量稍低一些、技术风险性小一些、价格更加合理的项目，主要是为了让改善变成有效业绩的"过程"显得相对容易些，为员工改善积累信心，为客户消费巩固信心，为今后推广技术难度更高的快修类项目做好转化铺垫工作，这也是精益服务改善循序渐进的关键所在。

第三节　第三冲击波——快修项目的运行标准化

其实，第三冲击波的准备工作是从第一冲击波开始的。只是根据快修业务全面与客户接触的时间，我们将其界定为第三冲击波，这也是从实际产生效果的时间来排序。

快修服务项目是一系列高频、必做的服务项目，我们引入以下思考：

（1）为什么近一百万家靠近社区的店铺，干不过 2.6 万家 4S 店？

（2）为什么在国外"便利"被汽车消费客户放在第一位，而在中国放在第一位的却是"放心"？

带着这两方面的思考，我们进行了大量的改善和实践，终于找到了正确答案。

一、墙裙文化改善

1. 文化的暗示作用

以快修为例，浓郁的快修主题墙裙文化的布置，对客户转化有很重要的影响。适当的布置，能彰显服务机构对快修服务的专业程度；部分关键专业周期数据的显示，能够帮助客户正确地理解快修理念。

快修文化氛围的布置，一般需要突出以下几个方面的内容：

（1）"放心、便宜、快捷"的文化理念；

（2）"快修五项"的基本常识；

（3）间隔里程需要更换的易损件周期表；

（4）某品牌的"换油中心"展示；

（5）更换下来的易损件展示等。

2. 沟通的辅助工具

当营销人员与客户沟通时，可以借助墙裙文化的知识与数据，与客户沟通车况，展开相关话题，加上手中的工具运用得当，使"快修的十个故事"更容易产生说服力。

二、快修项目梳理与K-H强化训练

客户为什么愿意跑更远的路、花更多的钱，到4S店进行快修保养？因为放心。这个放心，主要是客户对"快修"定义的理解不够，对标准化作业的理解不够，当然，也是由于第三方机构的标准化作业本来就不足以被客户认同。多个方面产生了客户不放心的结果。

1. 快修项目的梳理

对每一个模块的立项管理，是精益服务改善的第一步。梳理并不是简单的回顾、整理，而是由所有项目参与者共同进行的，以新的价值观重新审视原有项目。"以客户满意为中心"是贯穿精益服务始终的最高价值导向，在项目梳理上，我们也要遵循这一价值观。试想，如果即将开展的项目不是客户特别需要的，项目还有什么意义呢？

针对快修项目，定义非常关键，只有精准定位，才能成为专家。我从2005年开始在全国推出"快修五项"定义及操作方法，受到柏年超群、陕西恒泰、杭州小拇指等专业机构的高度认同，也促成了我们顾问服务业务的成功。

常规的汽车服务店往往把自己定义为什么都能够修的"综合大医院"。实际上，从发挥的作用来看，它们其实就是靠近社区的"诊所"。行业发展到今天，这些常规服务机构应该勇于做靠近社区的"诊所"，明确自己的定位。因为精准的定位，可以让它们成为某个局部的专家，这样才能彻底解决客户的"放心"问题。

部分车型的专修是一种定位，是属于品牌纵向选择；而所有车辆的"快修五项"服务也算一种定位，虽然各种车型是横向展开的，但是通过在作业技术层面的纵向截取，只做最常规的一段，就形成了一种新的定位。这一段正好是技术不复杂的、只需要标准化操作的、配件有保障的常规服务。

2. 配件采购渠道的固化

当"快修五项"的定位清晰以后，对配件的采购与库存的相应控制就变得简单和容易操作。配件的及时性和准确性将在客户心中决定机构服务的专业水平，需要高度重视。

只有供应商相对固定,并对他们的供应服务进行管理统计,定期反馈合作意见,才能促成双方共同进步,实现稳定合作。这一点已经构成了快修业务顺利展开的必要前提之一。

3. 营销K-H的直接运用

在快修项目的改善中,营销人员的专业能力非常关键,这种专业主要显示在对快修定义的理解、对标准化作业的理解、对配件供应渠道的理解、对易损件更换周期的理解,等等。我们将这些知识加上4S店运营成本的分析,组织成为"快修的十个故事",以供营销人员作为访谈开展的"谈资"。营销人员必须熟练掌握、灵活运用,很好地给客户"讲故事"。

通过访谈式营销的方式讲这些准备好的故事,就能够逐步地让客户产生信任度,使他们逐步明白快修的标准化原理,并接受正确的快修保养理念。

这些营销K-H一部分可以通过专业机构获得,但主要还是要依靠服务机构本身的日常积累,这些就是服务机构的知识存量。服务机构需要养成积累知识存量的习惯,正是这些知识存量的逐步积累,才使服务机构的服务能力更为专业!

4. 技术K-H的实施与积累

当然,光是营销人员的交流还是不够的。现场正在施工的车辆、正在进行的快修保养的工作状态,都会给客户直接的现场感受。客户在听故事的过程中,一定会进行观察验证。因此,对快修专业组的快修理念培训,以及标准化作业系列K-H的掌握,是现场发挥作用的关键,也正是精益服务在营销环节所强调的"营"字的主要内容之一。

其实客户对于标准化作业的相关故事是非常感兴趣的。他们往往听着故事,看着现场,对店铺进行判断。如果现场的表现与营销人员讲的标准化故事是一致的,客户很容易产生信任;反之,客户在现场找不到标准化作业的相关印证,就会感到店铺说一套做一套,就更不肯将"放心"交给店铺。

不要忘了快修项目的过程能力指数表哦！将各项目的过程能力准确列出来，既是对各项管理效果的衡量，也是展示给客户的最有效的营销利器！

三、访谈与转化

1. 访谈式营销一阶——掌握K-H，转化客户

访谈式营销培训从第一冲击波就已经开始进行了，但是营销人员掌握专业K-H需要一定的时间，他们需要熟悉大量的汽车更换件周期数据，需要掌握这些部件的位置、名称和功能，需要熟悉"快修的十个故事"，以实现在过程能力方面的胜任。

从熟悉到善于给客户讲"每一个故事"，需要许多时间的反复练习和经验积累，所以，这时候对营销人员进行的已经不是培训，而是训练。

通过对K-H的学习与训练，营销人员开始给客户讲述快修的十个故事。如果现场管理跟进比较好，一般营销人员讲到第5—6个故事的时候，就已经能够转化一部分洗车客户开始做保养类业务了，他们往往都是带着兴奋的状态，进入访谈式营销的"一阶"水平的。

2. 访谈式营销二阶——运用点检数据，共享车辆状况

员工和客户知道了车辆运行的易损件更换周期，这还只是一个开始。只有进一步掌握客户车辆的具体行驶里程数状况，以及车辆各类易损件的实际磨损状况，才能更进一步有效转化客户。

点检数据正好弥补了这个空缺。通过有效点检所反映出来的客户车辆状况，再参考营销人员过去时常讲述的快修故事，客户不仅了解了易损件周期及更换知识，还掌握了自身车辆的状况，只要加以对照，就自动产生了更换的需求结果。

这时候客户对店铺的信任度以及对营销人员服务的亲切感都会大幅提高。通过点检，客户与营销人员能够共同掌握车辆的行驶数据，点检的过程也会大幅提

高客户对施工人员作业标准化的理解，增强客户对店铺服务能力的信任。实际上，点检已经成为营销工作中最重要的内容。所以，我们将营销人员对点检数据产生依赖，并且与客户共享点检数据的状态，确定为营销人员进入访谈式营销二阶水平的典型特征。

3. 访谈式营销三阶——网箱管理精准开发

当营销人员开始依赖点检，并发现没有点检数据就没有办法与客户进行更深层次的沟通时，营销人员就能够对点检产生监督作用了。这时候就可以更进一步要求他们对客户实施网箱管理啦！

网箱管理的目的是通过每一位营销人员对自己"网箱"内的客户进行有效服务和管理，并经过项目转化，让每一位客户都能够"均衡长大"的一种高级管理方案。通过网箱管理，营销人员能够精准掌握客户的消费情况和消费趋势，为下一次沟通、为下一次"播种"，起到精准的指导作用。

当营销人员能够通过台账认真管理网箱内的客户资料，并且运用资料分析结果进行精准"播种"，有效地批量转化客户做项目服务时，该营销人员已经进入访谈式营销三阶水平，成为顶尖高手啦！

关于访谈式营销的具体操作细节，请关注拙著《访谈式营销》。

四、标准化作业实施

标准化作业必须与访谈式营销同步实施，以构成访谈式营销的主要"谈资"，严格实现店铺"说的与做的完全一致"。

1. 建立作业标准

标准化作业管理，是建立在5S管理、定置管理等现场管理的初步改善基础上的。

标准化作业的第一步是建立流程规范，在项目施工方面建立作业指导书，以将作业程序、控制要点、具体标准固化下来，让每一个人都能够照着这套规范执行，让即使不太懂行的管理者，对照着作业指导书，也能检查出作业者的疏漏与问题。

这是一个"让全员动起来的过程"，需要大家在掌握流程原理的同时，开始动手编写自己的作业指导书，并由管理人员协助修改、试用。这个过程是一次总动员，也是一次全面梳理，全员将在动起来的过程中加深对自己岗位的认知以及对精益服务的理解，这样的机会非常难得，做好了非常了不起。

标准化作业是一种方法，也可以形成管理改善的大趋势。全员关注流程管理，着手编制流程和作业指导书，大量的业务与施工验证，大量的流程规范讨论，让每一个人都重新认识标准在流程中的重要作用，这将产生一种勃勃向上的生机，推动店铺进入一个全新的时代。这当中能产生多少改善项目？这正是精益服务践行者们获取"黑带"资格的必经之路。

2. 按作业指导书（流程）规范作业

按流程标准作业，是一项非常艰难的管理工作，是一个"要求、检查、奖罚"的阶段过程，其本身就构成"阶段管理方针"，需要通过店长定时管理的方法，帮助每一个人养成标准作业的习惯。

流程管理从流程实施开始，就逐步进入"持续改善"的阶段了。实施流程管理的开始，意味着对流程有效性的观察、测量等手段开始运用了。一切为了服务机构所追求的"道"——让客户用越来越低的成本，享受越来越好的服务！让从业者更有价值地工作，更有尊严地生活！

3. 让标准在作业中发挥作用

一直以来，汽车服务机构最严重的问题就是没有有效地实施标准化作业，造成标准在运行中严重缺失。也只有实施有效的流程管理，才能通过流程分析，掌握标准在流程中发挥的作用，通过实施标准对控制点控制，将标准的作用真正发挥出来。

当前的问题是，标准在技术操作者的心中，也在每一个流程执行者的心中，但是标准没有通过流程文本化，管理人员也都没有养成将流程标准作为检查工作的依据的习惯。在流程没有被充分运用的状态下，标准就被隐藏起来了，根本运行不了。

标准在流程中没有起到关键的制约作用，导致大量的流程作业失效。我们可以毫不夸张地说，店铺目前两项最大的浪费，其根源就在于此！

五、过程能力改善状况

在此阶段，我们要再次强调过程能力改善的持续性和重要性，表5-2清晰地展示了各阶段工作对过程能力改善的要求和立足点。

表 5-2　过程能力指数对照表

序号	过程能力改善方向	员工的变化与提升	客户的感知
1	墙裙文化改善，提升客户专业感受度	员工学会借力	常识补充透明可信任
2	快修项目梳理，提升客户接受度	操作各方面统一价值认识	清晰，便于接受
3	营销K-H强化，提升客户告知能力	常识增强，信息4:1	可信赖程度提升
4	点检展开，帮助客户认知使用状况	技术与常识的集中表现	驾驶过程掌控一切
5	标准化作业展开，帮助客户提升消费信心	技术能力、标准要求受控	可信度提升
6	客户管理，让客户感受关怀	实施关怀，有序开发	在清楚的状态下消费

过程能力指数是评价一个店铺、一个服务项目的重要指标，是标准化推进的一个非常重要的节点。我之所以反复强调过程能力指数，是因为这个指标在服务机构中长期被严重忽略。也正因为如此，个人能力与机构整体能力一直未能有机地结合起来，没有相互产生推进作用。这是行业进步缓慢的主要原因之一。

随着标准化进程的推进，每一个机构将在过程能力方面逐步形成自己的标准等级，用于自我对比和自我提高。精益服务体系将赋予每一个服务机构过程能力指数评价，服务机构自身也应该更加关注过程能力指数的水平及提升，它是解决"七种浪费"中前两种浪费的核心所在。

第四节　三个冲击波的价值

一、获得"新生命"

当三个冲击波实施完毕后，不知不觉已经八九个月过去了。连续完整地实施了三个冲击波的店铺机构，绝对能够获得"新生"，各方面都具备了快速成长的活力。

1. 以提升过程能力为主导的目标清晰可见

其实在过去，每一个人都是想提升自己的，但是缺少一个整体向上的大环境，相互带动。三个冲击波的实施过程，从总体上创造了这个大环境，使每一个人在大环境中看到了自我改善的上升空间，并且看到了自己的改善对组织过程能力的影响，特别是在这个过程中人员之间的互动，是使改善得以持续的关键。

2. 学习和改善已经成为主要话题

过去虽然每一个人都想学习，但是缺乏系统的、相互关联的学习实践方法，让这种愿望和实践持续下去。当学习与改善相结合后，员工们看到了改善的效果，特别是客户对改善的兴趣，以及由于有效改善带来的客户逐步增强的消费信心，使每一个人的学习都找到了应有的价值驱动。

3. 逐步提升的业绩为大家创造了循环动力

随着三个冲击波的逐步推进，经营业绩必定稳步提升；随着服务机构过程能力的提升，客户的项目转化率在不断提高，业绩水平与业务局面不断刷新。让"学习—运用—改善—提高"成为服务机构日常工作的"新内容"，抛弃了以往以做生意为主导，有生意就忙，没有生意就等的被动局面，这是服务机构"新生命"的重要标志。

二、带出"新队伍"

更重要的是，在过去的八九个月中，通过大量的学习与改善活动，可以锻炼出一批能学习、懂规范、想管理的业务骨干。这些人才是未来店铺得以持续进步的核心力量。

1. 学会做计划，用计划指导工作

通过学习与提高，管理人员将在第一时间掌握"制订计划"的工作方法，将行业经验与管理技巧结合起来，形成全新的管理能力。计划是行动目标，计划是工作指令，如何通过计划目标的清晰化和完成方法的清晰化，让工作指令更加明确有效，是管理人员提升管理素质的关键要点。

2. 强化过程检查，控制流程节点

当计划任务明确后，管理人员结合相应的流程运用对过程检查和流程节点的控制就有了相应的参照和指导。在这个过程中，管理人员需要养成检查工作的习惯，而且要养成工作记录的习惯，找到流程的关键要素，掌握有效的检查方法。这样，管理人员就能够轻松改善，获得成功。

3. 用流程说话，对事不对人

面对出现的问题，管理人员不再只是将当事人批评一顿，或是简单处罚，而是习惯于将相关的流程画出来，找出流程中出现的问题，再来分析问题的成因，找准问题、对症下药。这样才能逐步改善处理方式，实现对事不对人，每一个问

题都能尽量圆满地解决，并且重视防止再发生。

4. 用体系文本指导工作

通过三个冲击波，服务机构已经在着手整理自己的流程文本（精益黄带和绿带们本身就需要大量的改善机会），逐步形成服务机构自己的管理运营体系。当管理人员养成检查工作的习惯，并用流程指导工作、检查工作、分析工作的时候，流程文本就成为管理人员最主要的工作依据。这是服务机构获得的质的飞跃，从"由人管事"到"制度管事"的境界的跨越。

三、走入"新循环"

参加过三个冲击波全程的人员，都对过程能力有了准确的认识，也都通过学习、训练，切实感受到自己在胜任能力方面的显著提升。在惯性的驱使下，他们自己走进了"学习—运用—改善—提高"的新循环中。正是这种"新循环"，带着他们每一个人的人生，带着服务机构对自身的改善，走向不断攀升的业绩高峰。

1. 巩固已经获得的战术能力，回顾价值提升

实践证明，在成功实施三个冲击波并获得阶段性改善之后，带领大家做好回顾工作很有价值。这就像登山一样，只有登上山顶，再回顾山下，才有征服脚下的成就感。

其实，完成了三个冲击波的导入过程，即精益服务的体系导入，才是精益改善的开始。当然，万事开头难，这个阶段的成功很了不起。管理者应该及时帮助大家准确消化已经获得的成果，并感受成功，促进大家用更大的勇气来攀登精益服务的下一个高峰。

第五章
精益改善的三个冲击波

2. 对即将到来的新挑战做好思想准备

步入精益服务的持续改善阶段,意味着将前面的三个冲击波内容正常化,并在实施过程中发现不足,持续改善;也意味着需要使用更多的陌生工具,来解决后续改善的复杂问题。

很显然,第一阶段的改善,只要方法是正确的,就很容易获得较为明显的成绩。随着店铺标准化水平的逐步提升,管理者们要发现问题、改善问题,就需要更好的方法与工具,也需要做好进一步学习与提高的思想准备,以便迎接新的挑战。

3. 将"理论—实践"的人生循环保持下去

在我的职业生涯中,我发现了一个重要的循环,它对我的人生起到了非常重要的指导作用,这就是"理论—实践"之间的相互循环(见图5-2)。

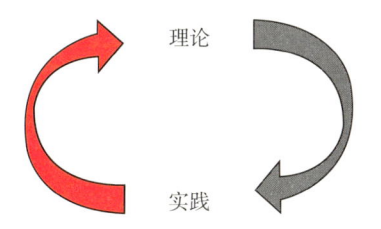

图 5-2 理论—实践循环图

我认为,凡事都需要理论做指导,没有理论高度,做起事情来就不会有多大成绩;反之,实践过程中又必须产生有价值的理论,应该上升为理论,具有一定的高度,这对实践本身的标准要求也有了很大提高。

在探索精益服务理论体系的过程中,我们经历了大量的从实践到理论,再从理论到实践的反复过程,正是由于我们力求在两者之间找到相互转换的价值,才使得精益服务的体系研究走到今天。我更希望随着精益服务体系的深入,随着管理改善的深入,管理者们都能够从日常的管理工作中找到这个循环的价值,并且在循环中逐步实现自我完善。

第六章
精益改善的"六步法"

精益改善的"六步法"是对精益服务进入到改善环节后的操作指导。如果说三个冲击波解决了改善什么的问题,那么"六步法"则对如何进行改善做了具体回答。经过多年门店改善实践的打磨锤炼,"六步法"正得到越来越广泛的运用,本章将对"六步法"进行详细阐述。

精益服务的导入与实施，到这里已经结束了第一个阶段的工作。第一个阶段应该达到什么样的效果呢？可能有些人还有些疑虑。一般认为，完成第一个阶段后，服务机构应该已经通过三个冲击波完善了基础流程，形成了在美容、快修、营销等板块的流程覆盖，并开始了有效的流程运用。如果到了这一步，恭喜你！我们接下来就可以开始进入流程的全面运用和持续改善阶段。

精益服务的全部改善，都是以流程为主要路径，依托更多的科学管理工具对问题进行分析—改善—优化，而改善的目的，就是为了推动"员工、客户、企业"三大要素的相互促进，扩大重叠面，增强核心竞争优势。图6-1生动地展示了员工、客户、企业三者的关系，重叠部分面积越大，三方受益都会达到最大，企业的核心竞争力就越强。

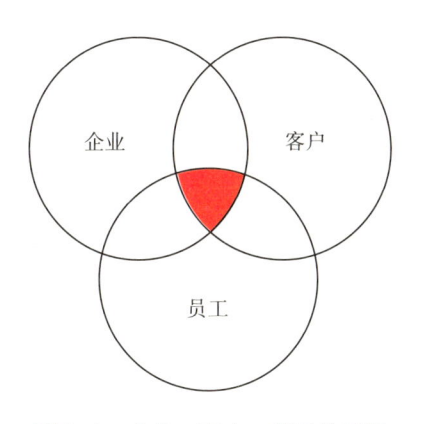

图6-1 企业、客户、员工关系图

以持续扩大企业核心竞争力为出发点，我将精益服务第二阶段"持续改善阶段"的实施步骤总结为"六步法"，进一步明确了这个阶段的改善方法和节奏，让每一份付出都做到有的放矢。"六步法"不仅是在精益服务第二阶段推进时使用的主要方法和路径，也是我们最终希望机构能够保持下来并形成常态的工作方法。管理者要在实战中将"六步法"使用熟练，真正用活精益服务技战术。

和传统的"做营销、抓收入"的运营管理不同，精益服务始终致力于关注客户满意度，以流程改善为主要方法，分析问题、运用标准、关注项目价值的一致性。我越深入这个行业，就越是发现，真正投身汽车服务行业的有识之士，是希望有一整套科学有效的理论方法来指导经营的。这也正是精益服务能够获得众多服务机构认可的重要原因。

获得业绩提升的方法不再是通过简单的营销，这种热闹一时的活动对企业的长期经营有什么用呢？真正想长期经营，就只有脚踏实地；只有通过解决问题，获得客户满意，才能从根本上提升店铺的核心竞争力，获得业绩的稳步提升。

"六步法"就提出问题、分析问题、解决问题给出了专业的路径，在"六步法"的每一步中，又都结合了相关的管理技术与工具，对每一步进行逐一夯实，踏实推进。作为一名汽车后市场的管理者，对"六步法"中的每一种方法都应该引起重视，熟练掌握，反复运用。

图6-2是在项目推进过程中需要不断使用的示意图，它展现了在以客户满意为中心的精益服务体系推动下，店铺业绩获得持续增长的基本原理。门店业绩的阶梯上升，表明实施精益服务带来的业绩改善是有一个过程的，这个过程并不是一步到顶、断崖式下跌的倒"V"形，而是效果逐渐展现的阶梯状。更重要的是，这个原理图清晰展示了精益服务的阶段性改善方法，找出当前的问题，瞄准下一步的目标。这种具有针对性、切实可行的改善路径，将让门店的经营变得有方向、有节奏，也更容易实施和产生效果。

这个原理示意图在三个冲击波阶段被大量使用并获得成果，在持续改善阶段，仍然使用这幅图，但是我们需要用"六步法"中更多的工具辅助，才能将每一个

第六章
精益改善的"六步法"

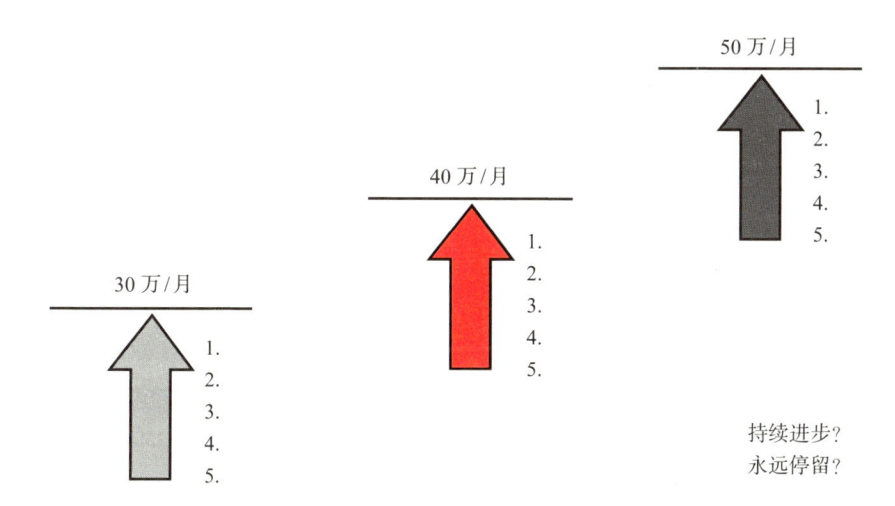

图 6-2 店铺业绩提升原理示意图

步骤做得更加细致，发挥出更大的效用。

图形中的每一个 1、2、3、4、5，都是独立的改善课题，随着这些关键课题的提出，黑带们要针对每一个问题进行改善。在这个过程中，应遵循"六步法"的基本路径，逐一解决，并通过流程优化，提高服务质量，使用户满意，带动营业水平呈阶梯上升。

那么，接下来的问题就是，如何才能精准地确定阶段改善项目，并通过对项目的改进，提升业务收入呢？

答案就是"六步法"。14 年来的项目服务顾问过程中，我们通过学习各种体系所创造的先进工作方法，在实战中摸索积累，逐渐形成了用六个步骤展开改善工作的方法，并取得了显著的效果。这六个步骤主要是：

（1）找出并确定关键问题；

（2）建立改善小组；

（3）对问题进行测量；

（4）分析问题，提出改善方案；

（5）实施改善方案；

（6）控制并防止再发生。

第一节　找出并确定关键问题

一、找出关键问题的基本原理

首先，精益服务黑带（或管理者）需要根据对机构的详细调查，选定关键问题。同时，找出该问题与客户满意、业绩提升的关联因素，确定改善的基本目标，形成改善课题。

其次，黑带需要对问题进行逻辑分析，将影响这个问题的全部关联因素找出来，我们称之为"用严密的逻辑结构"关联起来，找到"只要解决了这个结构性问题，客户满意度就能得到改善，营业水平就会上升"的必然性。

要注意的是，每一个看似独立的问题，都是由相关因素相互影响而形成的。我经常这样比喻这个原理：人脸上的青春痘，实际上是由于内分泌失调造成的。如果一味地对着青春痘用药，也只能是从表面上缓解问题，过几天还会复发。真正需要解决的是青春痘后面的问题，是内分泌的问题。

道理虽然简单，但是推导问题关联因素的过程中不能掉以轻心，要通过不断的推导积累，在大脑中建立一个交互影响的模型，当看到某个问题时，立刻放到这个模型中去过滤，找出关联因素，并对关联因素的重要性进行排序，为下一步针对性解决问题做好铺垫。

图 6-3 是著名的"冰山理论"示意图：一座漂浮在水面上的巨大冰山，能够被外界看到的，只是露在水面上很小的一部分，大约只有八分之一露出水面，另

外的八分之七藏在水底。而暗涌在水面之下更大的山体，则是长期压抑并被我们忽略的"内在"。

图 6-3　冰山理论示意图

在这里，我们同样可以把门店的问题看成一座座冰山，揭开冰山的秘密，我们会看到真正影响问题的因素。我们都知道，在问题的背后往往有错综复杂的原因隐藏着，所以，对问题的分析与解构，需要以逻辑框架和行业经验为主导，只有这样，才能有效地找准问题，有针对性地进行改善和解决。

二、实践中的改善问题确定

下面，我精选了一些精益服务传播实施过程中的案例与大家分享，并希望大家通过案例学习到精益服务改善实践中的操作步骤，如果能从案例中发现有待进一步提升的内容，那是再好不过了！

1. 长春美途的打蜡项目综合改善

长春美途公司总店店长张玉博，是龙之助"立即行动营"第一期学员。在学习精益服务体系课程的八个月中，他按照所学习的行业分析与"从小项目做起，实现精益服务"的基本原理，积极展开改善活动。他选择的第一个改善项目是：专攻打蜡项目，让客户的车亮起来！项目确定的基本目标是：让50%以上到店洗车的客户养成打蜡的习惯。

他选择的基本理由是：

（1）客户和店铺都长期被镀晶、镀膜等所谓高档项目所困扰，他们希望率先从客户需求出发，回归服务根本，从基础项目抓起，将项目做扎实；

（2）无论是在欧美还是在日本，打蜡项目始终是汽车美容最基础的服务项目，操作简单、价格实惠，客户比较容易接受；

（3）根据当前的现状，打蜡等基础项目没有良好开展，而镀晶等高端项目又不能形成有效的销售规模，要改善这个局面，店铺的美容服务应该从基础项目抓起；

（4）与其困守多点等待，不如突击一点，将其做强，让员工动起来。

2. 小拇指公司的快修综合改善

杭州小拇指公司曾经是全国著名的快喷连锁，根据行业的变化和连锁机构内部加盟店的要求，公司意识到需要改善业务结构，以便更大程度地有效利用经营场地的条件，创造更大的经济价值。在这个基础上，他们决定导入精益服务的"快修五项"，将快修保养业务规范地做起来，增加业务收入。

他们选择这一项目的基本理由是：

（1）社区保养需求量持续增长；

（2）大部分店铺都有现成的场地条件；

（3）能够让社区客户就近实现洗车保养，最大程度方便客户，增加店铺收入。

小拇指公司的本次改善目标是：通过实现标准化快修项目的导入，充分利用

第六章
精益改善的"六步法"

店铺原有的客户资源，帮助店铺实现营业额成倍增长。第一阶段实施试点选择杭州城区的六个直营店。

两个案例的选题，从水平和规模上，都属于两个层次，而且是美容和快修两个方向。长春美途的选题更精准，改善小组是店铺级的；相对而言，小拇指的选题更广泛，一方面是多店同时运行，另一方面是快修涵盖的项目也是多方面的，小拇指的改善小组是公司级的。

第二节 建立改善小组

一、"改善的人"

当服务机构的决策者选择了"以客户满意为中心"展开机构运营的同时，也已经开始确立了服务机构的文化核心。在这个前提下，当客户满意成为机构的第一诉求时，围绕着服务水平的流程改善，就一定会成为这个机构的文化主流。

1. 系统方法与运用层级

很显然，掌握了精益服务战术体系的多种标尺，有助于管理者们发现需要改善的问题，这只是绿带的水平，距离精确地确定问题、有效地解决问题、稳步提升业绩的功夫，还有很大的差距。这就像访谈式营销一阶、二阶与三阶的水平差距一样——三阶高手能够根据网箱管理资料分析，对客户实施精准"播种"，命中率极高。这时候在改善项目选择上的差距，改善能力的差距，就是黑带与红带的差距，当然也是黑带与高阶黑带的差距。

很显然，只有对关键问题的选择和有效改善，才能直接撬动业绩的增长与变化。精准地选择出关键问题，并对其进行有效改善，是高阶黑带的功夫所在。正因为如此，才会专门设置红带阶段，让他们在掌握精益服务体系标尺及工作方法后，还需要跟随黑带或高阶黑带实施改善，逐步积累改善项目经验，这是必须要走的一个过程。

2. 找到现实与目标的差距

当熟练掌握精益服务体系方法后，改善者就能够找出很多需要改善的问题，但是对这些问题的改善，并非都能产生可观收益或者立刻见效。这就涉及如何筛选问题。许多有价值的问题并非是显性的，它们往往隐藏在一些显性的问题背后，这就需要改善者对行业具有深刻的理解、丰富的经验和过硬的技术，只有这样，才能推导出来。这是黑带要完成的任务。也只有精准地选择出有价值的问题，并逐步实施改善，才能获得可持续增长的业绩。

此外，改善课题的选择具备一定的技巧性，作为改善小组的负责人，一定要充分考虑课题在当前阶段的可行性和阶段性目标的设置，切勿贪大求全，好高骛远。精益服务是脚踏实地的功夫，这点要牢记在心。

3. 成为"改善的人"

在精益服务体系中，我们一直在强调各种途径的改善、对问题的发现和梳理、计划、执行等等，然而所有这一切都需要人的主导。所以，管理者成为"改善的人"非常重要！

我们通常看到的情况是：当业务繁忙的时候，大家都非常积极能干，但是，当业务不多或没有业务的时候，大家不是在分析问题，进行改善，而是在做一些和业务没有关系的事情，这个时候的他们也许只能算作"好员工"，而不是"改善的人"。

当然，通过三个冲击波，相信在您的服务机构中，大多数人已经"动起来"了。这种"动起来"的状态已经表明他们正在变成"改善的人"。这意味着整个机构的精神面貌已经焕然一新，在这个基础上，管理者应该再接再厉，将改善的意识传递到每一个人，并最终让改善成为工作中的常态。

第六章
精益改善的"六步法"

如何定义"改善的人"呢？我想，作为一名"改善的人"，他只要有时间，一定在面对诸多问题，琢磨哪一条才是牵动客户满意的关键，应该如何着手改善，才能获得业绩的提升。如果一个人总是处在这种状态下，当这种执着的状态成为常态的时候，这个人就变成了一个"改善的人"。

是不是每一个希望进步的机构都需要一批这样的"改善的人"呢？换句话说，如果机构具有了几位这样的"改善的人"，是不是就会不断带领大家找出关键问题、解决问题并实现业绩的稳步提升呢？回答是肯定的。相信您已经认识到"改善的人"的真正价值了吧！更重要的是，"改善的人"将极大提升机构的精神面貌，减少门店不必要的浪费，进而提升的是门店的管理效率。他们将通过更多的时间来优化改善流程。大家都知道，标准化作业比杂乱无章的工作更省时、更省力、更高效。每一位管理者都将在这个过程中感受到"改善的人"的力量，每一位"改善的人"都会在这个过程中开拓思路，加速成长。

所以，每一位"改善的人"都会在精益服务的实践中表现出极高的价值，是服务机构的"宝"。

二、改善小组

我们不提倡一个人面对改善项目的全部工作，一个改善的人，尤其是改善小组的负责人——黑带，必须团结周围与改善项目密切相关的人，集思广益，发挥各自的专业水平，更加高效地完成项目改善。

这引出了黑带的另一个使命：带动改善文化，让更多的人通过参加有效改善过程，逐步成长为"改善的人"。

1.选择小组成员

改善小组的成员必须是这样一些人，他们已经充分认识到，通过参与改善，能够提升自己的能力，获得更大的工作价值，因此他们主动参与，积极地展开工作。所以说，当改善项目第一次在某个机构展开时，前期的动员工作非常重要，需要通过这些铺垫，将所有人员调整到所需要的状态。

改善小组的负责人（通常是黑带）需要为改善小组的成员补充相应的技能知识。

2. 团队工作法

每一位小组成员在工作中不仅需要认真执行指令，更重要的是积极参与小组活动，在严格做好本职工作的基础上多思考、多总结。活动小组的组织原则并不完全按行政组织来划分，而主要是根据业务的关系来划分。小组成员强调一专多能，要求比较熟悉小组内其他工作人员的工作，保证工作顺利进行。

小组成员工作成绩的评定受小组内部评价的影响。小组工作的基本氛围是信任，以一种长期积累的相互间信任为主，避免对每一阶段的工作进行稽核，以提高工作效率。小组的组织是变动的，针对不同的改善项目，由黑带负责，分别建立不同的改善小组，同一个人可能属于不同的改善小组。

3. 拟定工作计划，实施内部分工

当小组成员和基本工作法则确定以后，需要针对改善项目做好角色分工，并根据"六步法"的后续规范，建立具体的工作计划。

内部分工要严格按照团队组建的"三原则"进行（见图6-4）。

第一原则：帮助每一位成员建立责任感。所谓责任感，主要由以下几个指标构成：

（1）明确每一位成员的具体工作目标；

（2）掌握共同的方法——在小组中实现方法互通，做好本职工作，了解他人的工作状态；

（3）理解目标的意义——不只是理解完成目标的现实意义，还需要了解目标完成对小组的意义，以及整体目标完成的长远意义。

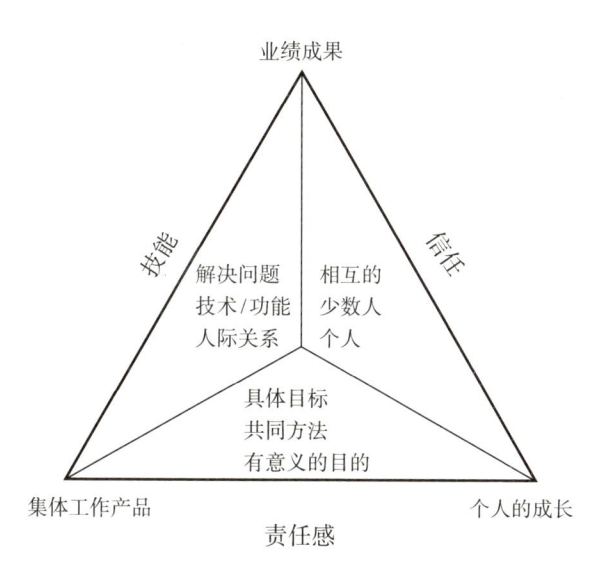

图 6-4　团队建设三角规则

第二原则：具备技能，主要考虑小组成员在业务技能方面的互补性，包括以下几个方面：

（1）能够解决所担当角色的全部问题；

（2）具备所担当角色的操作技术，掌握产品功能；

（3）具有良好的人际关系处理能力。

第三原则：小组成员之间的相互信任，主要包括以下几个方面：

（1）小组成员之间都能够相互信任；

（2）少数人之间相互配合、信任；

（3）特定的人员之间相互信任。

团队组建三原则提出了高执行力团队的组合原则，服务机构需要严格按照这个原则来分析、组建小组，并要求小组成员遵循以上原则，以确保他们在今后的项目展开过程中积极发挥自身的作用，顺利配合。

4. 固定的会议或培训

当小组组建完毕以后，黑带或小组负责人需要确定召开会议的周期。小组必须定期组织召开相关讨论会议，以确认各自的工作进展并互相通报，确保改善项目能够顺利推进。

改善小组组建完毕，可以开工了。请留意精益服务体系有关计划的方法和步骤，按照计划的"五要素"原则，编制详细的项目改善计划，进入PDCA循环。

三、实践中的改善小组

1. 长春美途公司的改善项目组

当改善课题确定后，店长张玉博拿着他的项目计划，找到店铺的营销人员和美容技师，多次召开会议讲述市场行情。他指出，当前美容项目在镀晶、镀膜等"大项目"上已经表现出不景气，必须集中力量突击"小项目"。他提出了将"小项目做大"的改善思路，获得了大家的支持。做小项目，意味着需要付出更多的辛苦，每一单只能获得较少的收益，但是只要50%的洗车客户都来做打蜡项目，收益依旧可观。

大家的共同选择表明了长春美途服务的理性化，机构正在向着理性服务回归。

由张玉博担任改善小组组长，指定专门的营销负责人和技术负责人，全力以赴实施打蜡项目，力争在三个月内实现既定目标。

2. 小拇指公司的改善项目小组

公司决定引入精益服务"快修五项"这个重大的改善项目，为此也投入了大量的人力物力实施这一工作。

项目由总经理兰建军亲自挂帅，并聘请我作为项目顾问，实施技术指导；指定直营大区经理张丙丰（黑带的角色）作为具体的项目负责人，六位店长作为项目的具体执行人（红带的角色），成立改善小组。

项目进展过程中每次会议都要求各店营销人员全部参加。

项目改善小组的组建，从机构上保障了项目改善的适时推进，改善活动开始了。

第三节　对问题进行测量

当改善小组确定改善项目后，接下来需要对这个项目的各种相关因素进行测量，以衡量这个项目是否具有立即着手解决的可行性和价值；同时验证，当分解出来的关键因素得到相应的解决后，小组所期待的结果是否会如期出现。

针对已经确定的改善问题，精益服务体系提供了多种工具来支持改善过程的实现，这些工具分别解决测量所面对的某一方面的问题。流程图、过程能力指数、顾客满意度指数等方法，是我们使用的主要测量工具。

一、流程图

1. 流程图的基本原理

流程图有时也称作"输入—输出图"。该图用于直观描述一个工作过程的具体步骤。流程图对准确了解事情是如何进行，以及决定应该如何改善过程有很大的帮助。这一方法可以用于各种类型的服务机构，以便直观地跟踪和说明服务机构的运作方式，发现重点，实施控制。

流程图是揭示和掌握封闭系统运行状况的有效方式。作为诊断工具，它能够辅助决策的制订，让管理者清楚地知道问题可能出在什么地方，从而确定可供选择的行动方案。

流程图使用一些标准符号代表某些类型的动作，如决策用菱形框表示，具体活动用方框表示。但比这些符号规定更重要的是，必须清楚地描述工作过程的顺序。流程图也可用于设计改善工作过程，具体做法是先画出事情应该怎么做，再将其与实际情况进行比较。

其作用是：通过业务流程分析，有助于了解某项业务的具体处理过程，发现和处理服务过程中的错误和瑕疵，修改或删除原过程中不合理的部分，在新过程的基础上优化处理流程。

2. 实战中的流程图运用

图6-5和图6-6是两个案例的流程图，我们分别从输入、输出、价值、保障几个方面进行分析。

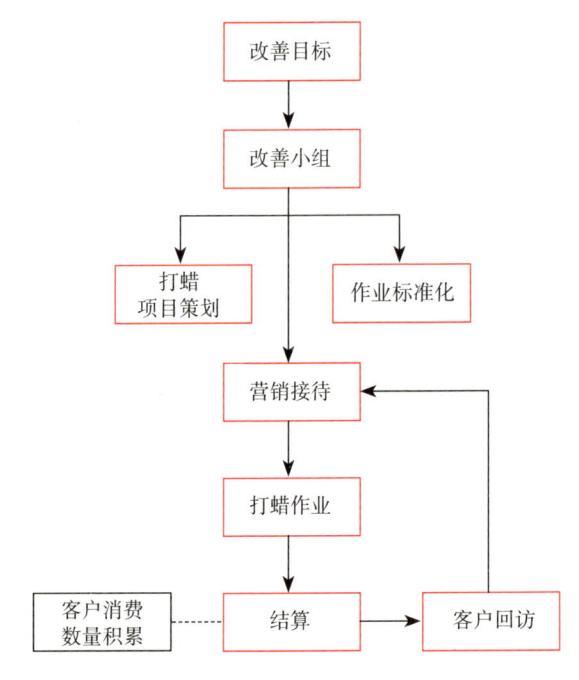

图6-5　长春美途改善案例流程图

第六章
精益改善的"六步法"

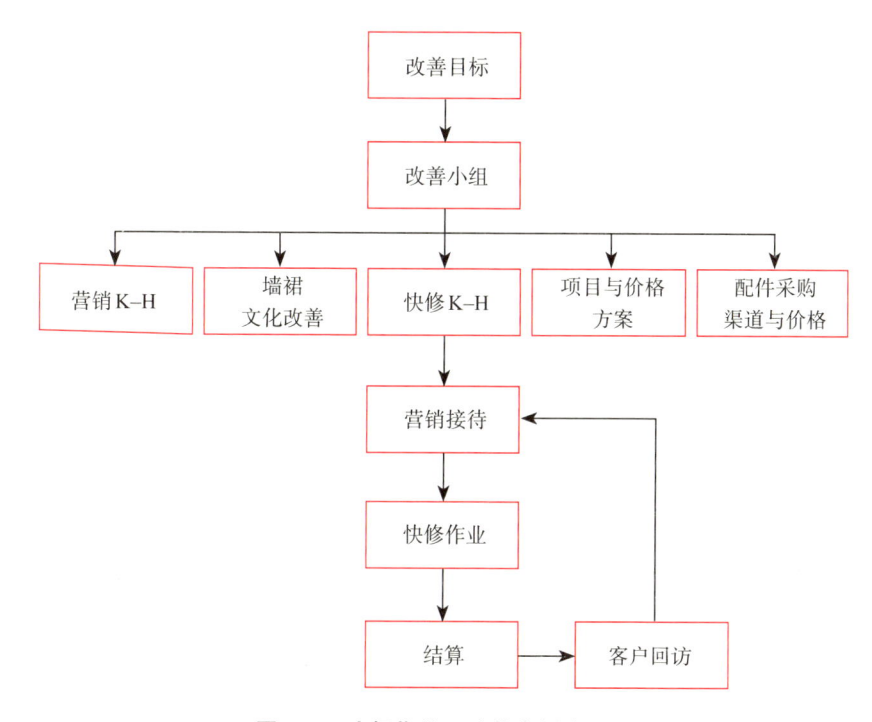

图 6-6 小拇指公司改善案例流程图

其中长春美途公司的改善案例作为案例 1，小拇指公司的改善案例作为案例 2。

案例 1 中输入的是：

（1）对打蜡项目的重新梳理，以保证更多的客户需要这个项目（过程能力 1）；

（2）对项目操作的标准化训练。

案例 1 中的输出是：

（1）客户获得满意的打蜡效果；

（2）客户累计消费情况统计表。

案例 1 中的标准控制点主要是：

（1）营销接待的告知方式与告知频次（过程能力 2）；

149

（2）作业过程中的效果与速度（过程能力3）。

案例2中输入的是：

（1）对快修文化的墙裙改善（过程能力1）；

（2）对快修营销K-H的全面掌握；

（3）对快修项目操作的标准化训练；

（4）对快修项目及报价的设计方案（过程能力2）；

（5）供应商的确定与管理。

案例2中的输出是：

（1）客户获得满意的快修项目服务；

（2）客户台账统计。

案例2中的标准控制点主要是：

（1）营销接待的成功转化率（过程能力3）；

（2）作业过程中的效果与速度（过程能力4）；

（3）配件供应的准确及时性（过程能力5）。

二、过程能力指数

　　过程能力指数是指在流程进展过程中，操作者各项能力满足项目服务质量标准要求（规格范围等）的程度，也称为"工序能力指数"。具体而言，过程能力指数体现了技术服务项目的作业工序在一定时间里处于控制状态（稳定状态）下的实际操作能力。它是工序固有的能力，或者说它是工序保证质量的能力。这里所指的工序，是指操作者、设备工具、原材料、工艺方法和作业环境等五个基本质量因素综合作用的过程，即项目服务质量的产生过程。（见表6-1）

表6-1 不同机构之间维修业务的过程能力的比较

过程能力因素	4S店	连锁店	单店	较差的店
1.操作者（含营销接待）	客户第一选择，培训及要求明确	客户第二选择，有培训，要求松散	客户第三选择，很少培训	客户第四选择，无培训
2.设备工具	品牌单一，设备工具齐全	多品牌，不易齐全	设备工具不全	应付使用
3.原材料	严肃界定	时常更换	随意性较强	随意
4.工艺方法	作业指导书	指导书不全，参照执行不够	无作业指导书，自身稍有规范	无作业指导书，自身规范不够
5.作业环境	定置要求高	有定置意识	有环境意识	无环境意识

过程能力是表示作业过程客观存在着一些分散的要素，但是这些要素能否满足项目的质量要求，仅从它本身还难以看出，因此，还需要另一些参数来反映过程能力满足项目作业要求（公差、规格等质量标准）的程度。这个参数就叫做过程能力指数，它是技术要求和工序能力的比值。（见表6-2）

表6-2 某项目过程能力等级指数的雏形

过程能力因素	工序能力8	工序能力6	工序能力4	工序能力2
1.操作者5人	都能规范操作	60%以上能规范操作	40%以上	20%
2.设备工具	都能熟练掌握	60%以上能熟练掌握	40%以上	20%
3.原材料	保持并理解特性	60%以上保持并熟悉	40%以上	20%
4.工艺方法	一致性较好	60%以上能保持一致性	40%以上	20%
5.作业环境	定置规范	60%以上定置规范	40%以上	20%

用"精益服务四原则"的原理来解释，就是当准确定义了一项服务的价值后，机构通过技术实施所能够得到的保障，和"准确定义的价值结果"有多大差距。

由此可见，个人过程能力、团队过程能力、机构过程能力是三组概念，是相互影响的关联关系，总体构成了客户对师傅个人的信任度、对项目集体的信任度和对机构品牌信任度等不同程度的信任度。

过程能力指数的值越大，表明项目的离散程度相对于技术标准的公差范围越小，因而过程能力就越高；过程能力指数的值越小，表明项目的离散程度相对于技术标准的公差范围越大，因而过程能力就越低。因此，可以从过程能力指数的数值大小，来判断一个服务机构在某项服务项目上服务能力的高低。从经济和质量两方面的要求来看，过程能力指数值并非越大越好，而应在一个适当的范围内取值。

（请参见"三个冲击波"中的项目立项管理。这些内容在项目立项阶段就需要关注，这也是产品项目化过程中必须严格考虑的关键要素。）

过程能力是过程性能允许的最大变化范围与过程的正常偏差之间的比值。

过程能力的研究目的在于：在实际项目运作过程中确认这些特性符合规格的程度，以保证施工作业项目不符规格的不良率在客户可以接受的水准之上，作为施工作业持续改善的依据。

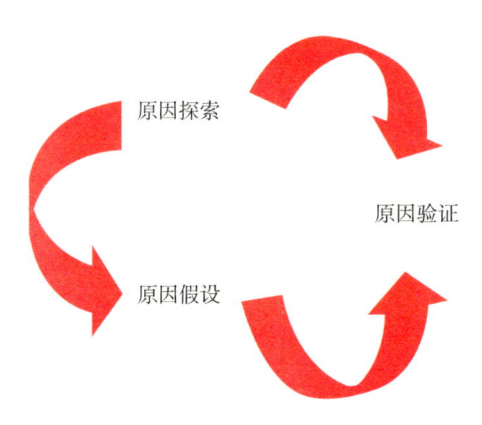

图 6-7 改善三环图

通过上述工具的使用方法介绍，相信读者已经深刻感受到，如果服务机构一直没有涉及这些技术工具的运用，就说明机构的标准化工作一直停留在表层，无法有效深入。长此以往，客户的满意度没有得到持续改善，业绩也就无法实现持续提升。

三、两个案例的实际测量与分析

1. 案例 1 的测量与分析

长春美途是一个以精洗美容为主导的会所店铺，原本美容方面的营销能力和作业能力都比较强，关键问题在于过去重点推动的项目太多，收获并不大，无论是营销能力还是作业能力都被分散了。针对改善项目，该机构做了以下几个方面的测量与分析：

（1）如果 50% 的洗车客户都消费打蜡项目，并且每月做一次，就能保证将每月打蜡项目获得的营业收入从 1 万元提升到 4 万元以上。

（2）原来打蜡项目做得不好，主要是严重缺乏客户告知。改善告知方式，提升告知频次是关键。

（3）如果该项目获得较好的推广，需要通过训练和补充高质量的打蜡操作人员，保证四名技术操作稳定的人员同时施工。

（4）从客户的角度来测算，全年 12 次打蜡保持车辆的光亮度，与过去做镀晶或镀膜项目在总成本方面有什么差异。

完成这些分析后，所有操作人员已经对该项目的推广成功建立了强大的信心！

2. 案例 2 的测量与分析

通过对流程图与过程能力的分析，小拇指公司意识到，想要在杭州的六个直营店铺将"快修五项"做好，获得客户的满意与消费，需要关注以下几点：

（1）通过测算得知，如果"快修五项"推广成功，各店理论上都存在业绩翻番的可能性。那么，各店铺都确实具有这样的资源空间吗？

（2）要保证快修的"快"字，保持小拇指快速交车的老传统，而实际测量结果表明，各店的配件配送时间均不够理想。如何确保在 45 分钟之内完成项目并顺利交付呢？

（3）各店技术操作人员参差不齐，对标准化快修作业理解不够。

（4）公司多次向客户告知快修保养项目，然而获得的客户回馈不够积极，主要是营销接待对项目理解不够，对车辆的基础知识掌握严重不足，对快修标准化的理解还需要加深。

（5）原来对修理的理念不够精确，在具体项目方面只是在模仿一般修理厂的做法，不能形成简单明了的消费项目，需要重新梳理。

通过这些粗略的测量与分析，应对改善方案似乎已经呼之欲出，只要能够解决好这些相关问题，快修五项的项目推广就一定能够获得客户的满意，大幅度提升业绩。

第四节　分析问题，提出改善方案

一、分析阶段的作用

当问题的结构已经确立，并通过上述各种测量工具找出问题的影响幅度以后，就需要对这些影响因素进行改善效果分析，并提出具体的改善方法。

精益服务的改善方案制订有一个缜密的过程：组建改善小组，对改善目标问题认真定义，对相关影响因素进行测量，再根据测量结果对各种影响因素的影响幅度进行分析，提出实施方案并控制问题复发等六个步骤。所以针对问题而言，分析质量的高低直接影响到改善效果和项目成败。

分析阶段在精益服务项目中的作用，如同医学治疗过程中的诊断阶段一样，只有找到真正的病因，后续才能对症下药，否则可能毫无效果或适得其反。

第六章
精益改善的"六步法"

在分析阶段，我们需要大量使用流程分析原理图（见图6-8），它向我们揭示了流程运行过程中输入及输出受标准和过程能力影响的基本原理。当规则失去作用（过程能力不足）的时候，输出的结果是无法得到保障的。而在一条项目流程中，会有多个业务规则在影响着不同的输出结果。对照规则，关注输出结果，流程分析原理图是分析阶段最有力的工具。

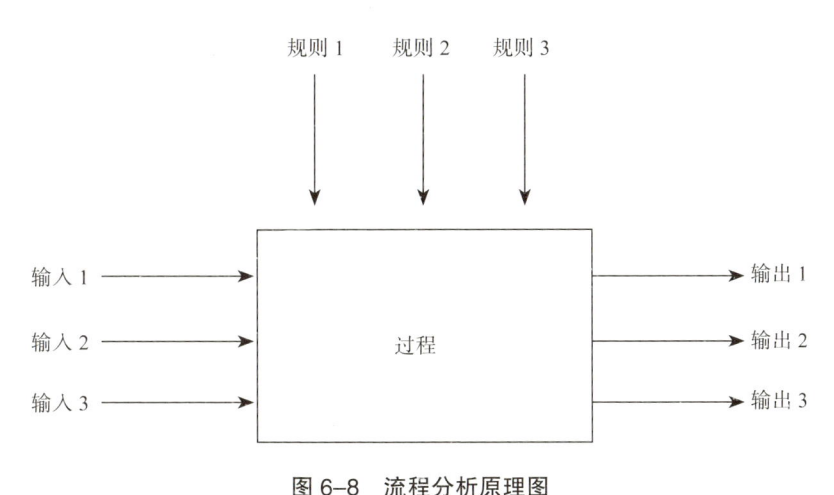

图6-8 流程分析原理图

二、分析阶段的输入（分析工作的条件）

在精益服务实施的"六步法"中，各阶段衔接严密，环环相扣，后一个阶段的输入即为前一阶段的输出。因此，分析阶段的输入为测量阶段的输出。其输入（同时也是测量阶段的输出）有以下几个方面。

1.过程流程图

在测量阶段，为了把握现状，对过程全貌有准确的了解，需绘制详细的过程流程图。这样，测量的结果才能反映过程的实际状况。

但是在当前阶段，几乎所有的服务机构都缺乏覆盖服务全过程的详细流程图，这需要做大量的流程补充工作，才可开展下一步工作。

流程改善也正是在这个基础上进行的。

从图 6-9 可以看到，我们应该受到输出目标的制约，这时的目标不只是客户满意度，而且还要包含让 50% 以上的客户都来消费这个项目。所以，在项目销售这一步骤上，就需要明确相应的业务规则：向多少客户告知？每一个客户告知几遍？

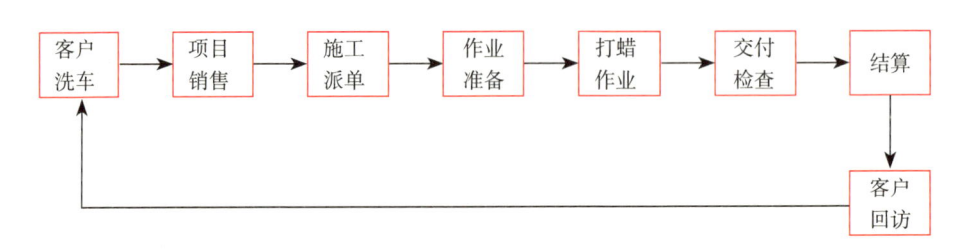

客户洗车 → 项目销售 → 施工派单 → 作业准备 → 打蜡作业 → 交付检查 → 结算 → 客户回访 → （返回客户洗车）

图 6-9　案例 1 的过程流程图

要让客户下个月再度打蜡，实现每月重复消费，才能达成项目改善的目的，因此交付检查和客户回访就显得非常重要。要精准掌握客户满意度，确保他下个月还会继续消费。这里也需要有相应的规则介入：如何才能确保客户满意？请做好相应的记录。

针对案例 2，我们绘制的流程图见图 6-10。在这个流程图中，需要找出相应的控制点，对这些控制点进行标准界定，形成业务规则并实施控制。这里的每一个控制点如何设计，如何界定每一个控制点的控制标准，就留给读者自己思考吧！

2. 过程输出的量化指标

过程输出的量化指标是精益服务改善项目的具体改善对象。具体而言，就是说在测量阶段，改善小组要通过大量的测量及记录，取得改善项目的详细现状测量数据。而这些数据，正是分析和改善阶段的研究对象。

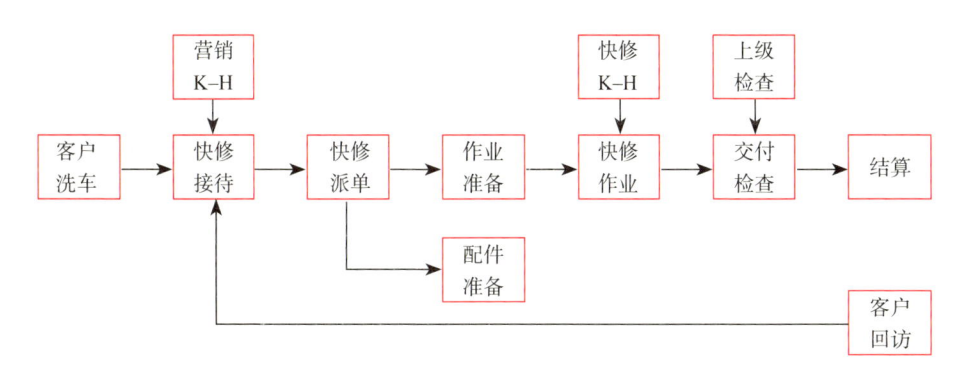

图 6-10 案例 2 的过程流程图

3. 对项目及其影响因素的数据有效性验证结果

在测量阶段前期，为保证测量数据的有效性，展示过程的本来面目，需要验证数据测量系统的有效性。根据被测量数据的性质，可将其分为计量值数据和计数值数据，两种类型数据的测量系统有不同的分析和验证方法，此结果作为一种证明输入到分析阶段。

4. 对当前过程性能的准确评估

在测量阶段的输出之一，是对项目对应的当前过程能力的准确评估。根据对这些数值的比较分析，可以对过程现存问题有基本把握。实际操作的方法是：根据过程流程图的分析结果，对每一个岗位形成控制点，将这些控制点相应的过程能力要求标示出来，要求操作者通过训练完成。

5. 改进目标

分析阶段的输入之一是项目的改善目标，也是过程能力的改善目标。可以思考这个问题：如将当前过程能力测量结果作为基点，能提升至什么样的量化水平？改进目标的高低决定了分析的水准。

可见，只有在测量阶段完成了这几项测量数据，并且加上对各项改进目标值的设定，分析工作才能开始。

三、分析阶段的输出

分析阶段的输出是指这个阶段产生的成果，主要有以下几个。

1. 影响项目效率的所有过程能力数据

分析阶段的主要目标是发现影响项目的主要因素，但首先是要找出所有可能的影响因素，特别注意不能漏掉可能的影响因素。因为也许漏掉的正是关键项，这时得到的分析结果是不完整的，基于这种分析结果做出的改善是不完善甚至无效的。

2. 影响项目的关键因素（数据）

从多个问题中找出关键的影响因素，这是分析阶段的主要输出。抓住主要矛盾意味着对问题的把握，它直接影响改善质量及项目成败。

将关键因素和其他次要因素分离是分析阶段的首要目标，也是精益服务改善方法的核心技术之一。

3. 量化的收益

在分析阶段找出关键因素后，即可对这些因素做出评估，并对改善结果进行预测。计算出改善所需成本和项目收益，相减即可得到改善的净收益，这是精益服务和普通顾问服务项目实施改善的主要区别，也就是说，精益服务的所有项目成果，必须是可以反映在财务收益上的，可以用财务的收益指标将改善效果清晰展现。这也是门店导入精益服务的根本目的。

4. 案例中的分析与方案设计

案例1在分析阶段的输出：

（1）要想达到项目改善目标，客户满意度与客户告知幅度、告知频次非常关键，需要有效烘托项目氛围；

（2）对每一个客户的项目说明、价值比较必须反复做；

（3）整体施工能力的提升，每一辆车光亮如新，这一切对项目推广达到目标至关重要。

案例 2 在分析阶段的输出：

（1）要保证快修的"快"字，保持小拇指快速交车的老传统，必须在配件供应方面狠下功夫，找到稳定可靠的供应商，并且做好科学库存；

（2）总部定向从 4S 店招募一批机修中工以上作业人员，进行标准化作业基础训练，并分配到各店铺；

（3）面向社会招募的大学生，在顾问的指导下努力学习《访谈式营销》，一方面迅速掌握大量的技术 K-H，一方面强化对练，消化这些快修知识，力求在与客户交流的过程中迅速说服客户；

（4）制定出强有力的快修项目导流政策，吸引更多的洗车客户参加体验，感受标准化的快修保养，坚定留下来就近接受保养的信心。

四、精益分析工具

在分析阶段，还有很多分析工具可以运用，我们推荐以下两方面的方法系列，供大家参考使用。

1. 浪费分析

根据前述精益服务原理对正在形成的七种浪费进行逐一分析，使用收集到的数据来发现并确认服务缺陷的根本原因，这被称为"浪费分析"。

实施浪费分析，我推荐以下几种主要方法。依据精益服务基本原则，就能准确找出浪费，形成改善要点。

（1）流程法

详细审视当前流程，目的是找出可删除、可简化、可合并重组的，不能给客户带来增值的那些步骤。

（2）价值法

从客户的角度关注流程输出的价值，找出在创造价值的过程中没有价值的相关部分，并予以删除。

（3）5S法

5S管理是精益服务实施现场管理的基本方法，运用5S的基本原理，在整理、整顿阶段，找出浪费所在，形成阶段改善目标。

（4）五要素法

五要素法主要指在精益服务改善项目中常用的以"人、机、料、法、环"为主的另一维度思考分析方法。从这个维度出发，就这五个方向进行相关数据标准的比较，找出浪费，形成改善目标。

2. 价值流分析

在整个服务过程中，从接单开始，服务项目要确定价值目标。这个价值目标需要在该项目所涉及的洽谈环节、任务分配环节、施工作业环节、配件供应环节、客户等待环节、车辆交付环节等多个环节中保持传递流畅、准确。

现在服务机构表现出来的问题是，由于这些环节都是由不同的人员进行操作的，他们对该项目目标价值的理解缺乏统一，准确地说，由于对立项管理缺乏严格统一的规范要求，导致目标价值在过程中很容易受到个人理解差异的影响而发生变化，使得客户在拿到结果时的感受与营销人员描述的状况总是不一致，进而导致客户不满意。

举例来说，一个客户到店铺做内饰清洗业务，如果从项目增值本身而言，材料成本一般是50元，但需要2人协作干1小时。而客户需要支付的成交价格是300元，那么250元是该项目的增值，这就是服务机构提供的服务价值，它最终体现在客户眼前的就是清洗的干净程度、保持的良好气味、缝隙衔接处的处理。这个价值及增值概念，一直会在客户等待的全过程中萦绕心头，他的潜意识可能始终在判断"值与不值"。

而从店铺管理方面来讲，更需要判断并严格把握每一个过程中存在或正在发生的问题。这些问题可能是：

（1）营销人员没有结合客户车辆的状况，将内饰清洗服务项目的功效讲清楚；

（2）作业人员对项目不熟悉，使用的工具或材料不对，将部分内饰破坏了；

（3）由于作业人员不仔细，某些部位没有处理干净；

（4）局部的旧痕迹处理结果存在争议；

（5）客户发现一些拼接角落没有处理干净等。

这项服务过程的每一个环节都是由不同的人员在操作，有可能导致问题，而问题多发所形成的客户抱怨并没有被关注，更别提有效解决。这样的结果势必会造成客户满意度下降，下次客户消费时就有可能选择其他门店，更严重的是将破坏门店的口碑。久而久之，就会导致内饰清洗项目渐渐开展不起来，对营业业绩的冲击会逐渐加大。

价值流的三个特性是"核心过程"管理运营的焦点：

（1）价值流原理增强了业务活动内部的关键联系，也增大了项目成功的可能性；

（2）价值流原理确定了班组间、岗位间的贡献率；

（3）价值流被细化到具体的操作层面，确保价值在过程中的流动不会产生变异。

分析结果的输出就是具体的改善方案。通过分析，界定了改善的价值，同时也确认了关键影响因素。在对这些关键影响因素确定了改善方案后，需要将这些改善方案流程化，进入改善实施阶段。

第五节　实施改善方案

通过前面四个改善阶段的工作推进，改善小组对需要解决的问题及其产生的根本原因已经有了比较准确的把握，从而奠定了从根本上解决这些问题的基础。至此，改善小组进入了关键的改进实施阶段。

一、改善实施阶段基本工作

我们再度使用这幅原理图 6-8 流程分析原理图，期望在融入了改善方案的新的流程实施过程中，能够盯住项目改善设计的目标（输出），反复衡量规则（标准）在这个过程中的运用程度，并且关注过程能力对输出结果的影响幅度，确保与输出价值相对应的标准被明确地执行，形成新的控制习惯。

1. 将改善融合到流程中，并提高管控频次

当改善方案形成后，需要根据这个图形的提示，将相关改善方案植入具体的流程规范中（参看上文中的流程图）。

组织所有相关人员学习改善后的新流程，重点讲解流程改善的部分，并且反复说明新流程在保障客户价值时，规则所应该起到的作用。新的这部分将形成新的关注点，需要通过定时管理的方法，用大量的检查来保证流程的准确实施。

针对新流程中的这些改善要点，特别是规则的明确要求，应该形成控制要点，必要时需要设定相关的考核办法，将检查要求设定在相应的管理者定时管理内容中，进行阶段性管理控制，直到完全没有差错，确定执行人员已经根据新的规则要求养成习惯为止。

改善的部分对某些工序能力提出了新的要求，服务机构需要根据价值保障的

第六章
精益改善的"六步法"

基本规则要求，对相关岗位的员工技能进行培训，制订相应的训练计划，确保在规定的时间内，达到个人能力指数要求。

2. 持续测量

在改善后的流程实施过程中，测量仍然还在继续。这有什么好处呢？我们发现，持续测量一方面可以通过关注测量结果，验证改善方案的有效性；另一方面，测量工作本身就可以形成一种执行的监督效果，保障改善要素被充分执行。所以，持续测量很有必要。

如果一切都按照改善后的流程标准执行到位，输出的结果数值仍然不能确保稳定达到效果，请不要过分担心，这个过程中一定是哪些地方出现了偏差。这就需要回到分析阶段，重新分析原因，改善对策。

在改善的过程中，改善小组的负责人务必要在熟练掌握方法的基础上反复推演，遇到问题及时纠正。我们常说，熟能生巧，改善也有一个渐入佳境的过程，在这个过程中要调整好心态。

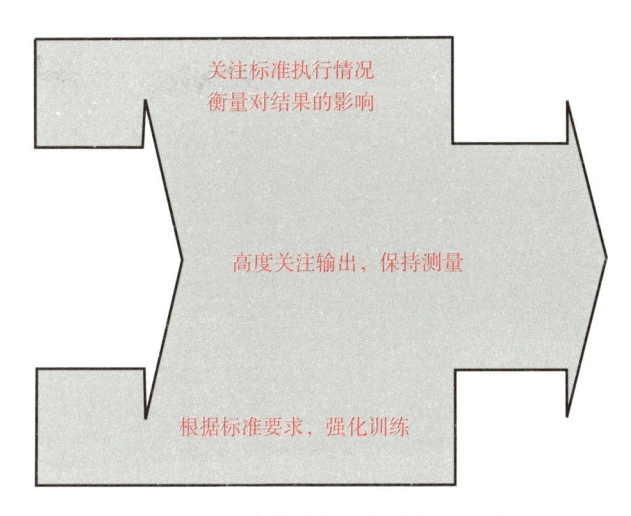

图 6-11 改善阶段工作重点示意图

二、案例中的实施与改善

1. 案例 1 中的改善执行

（1）坚持向每一位客户讲解打蜡作为常规保护项目的效果，并将这一工作对象扩大到全部洗车客户。

（2）每隔一周，再次向客户讲解。

（3）坚持做好每一台车辆的打蜡施工，力求完美，确保客户满意。

（4）随着客户转化的稳定增长，项目小组的每一个人都从改善项目的要求方面摸索出一套行之有效的方法。

（5）每一个月的打蜡单项业绩都随着更多客户选择消费而逐步增加。在三个月时间里，改善小组通过这个项目获得了 55% 的洗车客户的消费，单项营业额稳定在 4.8 万—5 万元左右，关键是改善项目的效果一直能够保持在这个水平上。

通过长春美途总店改善小组成员们的不懈努力，他们的改善项目获得了巨大成功！

2. 案例 2 中的改善执行

（1）营销与作业技术两方面的过程能力提升，是改善过程的重点工作，改善小组认真对待，每一位成员都非常努力，分月达到进度目标。

（2）由于盯住输出结果，改善小组成员们很快找到了相对应的改善标准，迅速补充相关知识，积累谈资，与客户建立有效的交流。

（3）由于与客户的交流取得了较好的成果，在营销人员初步掌握了基础 K-H 和"快修的十个故事"后，他们就能够接下快修业务，对此，他们处在高度兴奋中，更加注重自身的积累。

（4）作业技师和管理者盯住客户满意度，做好每一笔单据的客户满意度统计，每天对当日有快修保养需求的客户进行统计分析，找出差距、立即调整，形成相应的管理控制点。

（5）各店之间就改善成果展开竞赛，积极推进改善工作，大家在竞赛中相互学习，共同进步。

随着改善小组对"快修五项"标准业务的理解与配合，各店铺的营业水平稳定上升。改善工作历经9个月，6个店铺的平均业绩增长水平达到1.5倍以上，成功超越了当初设计的改善目标，项目获得巨大成功！

第六节　控制并防止再发生

控制的目的在于保持项目取得的成效并持续改进。缺少了控制阶段的努力，改进的成果就很容易反复，这会让团队努力的成果消失，同时对改善小组组织实施精益服务的信心产生巨大打击。

为了防止回到从前，需要在以下四个方面下功夫：

（1）在流程改善的关键节点加强检查频次；

（2）关注规则对输出结果的影响幅度；

（3）找到标准对工序能力的要求及员工当前的差距，迅速充实、提升；

（4）帮助操作者们在新流程运用方面养成习惯。

一旦项目在一定的时间段内形成客户普遍消费的"势"，对后续的稳定性就具有极大的帮助。

一、过程改进的文件化

许多服务机构的流程都还没有建立程序文件，因此，借助过程改进的机会，逐步建设完善流程文件，让过程控制有章可循，是当前阶段的重要工作之一。

所谓过程控制，就是以程序文件为标准，对过程实施要点进行检查、验证，保障过程不出偏差。

通过过程改进，服务机构已经获得一定的成效，这就需要将改进成果持续下去。因此，必须使已经改进的过程被详细记录下来，并形成操作规范及固定程序。

在过程改进文件化的工作中，应该注意以下几点：

（1）保持文件的简单化，用简单的方法对过程要求进行描述，运用过程图、程序文件、图标等方式，使过程要点更容易被接受；

（2）对过程中潜在的问题进行预警，制订相应的应急方案；

（3）让使用者参与，也就是说，该流程涉及的所有人员都应该参与过程改进文件化工作，以便广泛知晓、执行一致。

文件化的主要目的是为了操作者参照依据以及检查者参照依据，形成共同学习、共同遵守的规范依据。

二、建立过程控制计划

要对改进过程进行有效监控，需要建立过程控制计划。一份过程控制计划一般需要注意以下几点：

（1）项目负责人需要掌握过程中各种行动和决策的细节，做出详细的流程图。

（2）过程控制计划必须清楚地说明在过程中哪些地方可以准确测量过程输入、过程操作和过程输出的关键数据，一旦出现问题，项目负责人应根据过程控制计划做出反应。

（3）对于持续改进计划而言，过程控制计划除了跟踪过程发生的问题，还为检查整个过程中的薄弱环节提供了基础。项目负责人根据改进过程的测量分析，针对新出现的情况实施针对性改进，以强化改善实施效果。

三、持续测量

测量几乎是精益服务"六步法"中每一个环节都强调的工作方法。在控制环节，测量依然是发现问题、验证改进效果的主要手段。

1. 持续测量，对关键变量进行控制

测量与改进密切相连，持续测量这个过程将可以预测结果。通过测量发现变量的影响程度，找出对这些变量的改进和控制方法，将有利于改进方案获得稳定的结果。

通过检查考核，对测量效果的微小变化做出相应的调整，这是这个阶段最重要的工作之一。

在案例1中，需要持续测量的关键点在于：告知方式、告知频次和转化率三个要素之间的相互影响和变化。

在案例2中，需要持续测量的关键点在于：营销人员对K-H的掌握能力与客户转化量之间的相互影响，快修业务操作效果与客户再度选择消费的持续性之间的关联。通过记录、分析、比较、回访等多种手段，保持这样的严密监控。

这些案例还只是在访谈式营销一阶状态下配合现场作业改善所形成的效果。如果能够持续改善，达到访谈式营销二阶甚至三阶水平，并获得同步的现场作业改善，后续的改善还会稳定、持续地促进业绩增长。

2. 关注关键输入测量

关键输入测量能帮助预测过程关键步骤的运行和关键输出结果的质量，在控制阶段中应该建立对多个变量进行测量的数据结果，这样就能准确体现过程的特征。

确定最佳测量项之后，一个重要问题是如何建立过程控制方法，使这个最佳

测量值能够通过流程运转保持下来。由此所形成的控制要点，也需要通过PDCA的循环改进，以达到最佳改善效果。

案例1中的关键输入测量主要是两个方面：

（1）打蜡项目设计的吸引力与客户告知程度；

（2）施工作业后交付车辆时客户的反应。

而在案例2中的关键输入测量，主要盯住了以下几点：

（1）营销K-H的持续输入对营销人员接单能力的改善程度；

（2）快修标准化K-H的持续输入和作业技术人员的规范遵守程度，决定了客户在消费后的真实感受；

（3）上级对车辆的交付进行检查，可以通过相应的数据，了解过程能力与客户要求之间的差距。

正如上述两个不同案例所展现的，精益"六步法"的运用，可以在汽车服务机构的任何层面、任何项目中发挥作用。

"六步法"本身就是一个循环系统，正是这个循环的不断重复，推动了服务机构在改善中螺旋上升。如果说，精益服务第一阶段的三个冲击波使大家动起来，服务机构产生了强大的活力与成长性，那么，进入"六步法"的持续改善阶段，就是在不断推动服务机构核心竞争力的持续强化。

要认真遵循"六步法"的步骤要求，每一个步骤都不能马虎。这需要严格的工匠精神，才能认真执行、仔细观察、测量记录、调整处理。在汽车服务机构的改善实践中，"六步法"正在成为行业广泛运用的方法体系。

以客户满意为中心的流程改善，通过"六步法"的循环实施，能进一步扩大"三个圆"的重叠面积，使企业、员工、客户三个方面共同获得更大的利益。这实际上是扩大了企业的核心竞争力，强化了机构的整体竞争优势。

"六步法"的总结和实践使改善项目的实施规范化、流程化，让精益服务的实

第六章
精益改善的"六步法"

战有了可执行的方法和指导。有心的读者还会发现,"六步法"中的每一种方法,既可以在"六步法"中具体执行,也可以单独使用,融入门店的具体工作中,真正将精益服务的理念全面贯彻到门店经营中。我相信,只要方向对了,每一次努力都会产生应有的价值!

第七章
进步与提升——黑带进程

　　黑带进程是为每一位精益改善者建立的标尺。标尺的作用在于价值衡量,也让每一位身在其中的人准确定位,认识到当前所处的阶段和未来要达到的阶段。我们将黑带进程从改善的起点到专家,分为四个阶段,依次为黄带、绿带、红带、黑带。改善是条向上的路,只要持之以恒,每一位"改善的人"都有机会成为未来的大师。

为了能够系统地衡量一名汽车服务机构的管理者的成长状态，并为每一位有志于成为"改善的人"的人提供阶梯指导，精益服务体系专门设定了精益服务践行者的成长台阶——黑带体系。

黑带体系的设立，明确了精益服务管理体系中"改善的人"的重要价值。任何工作的推进都是以人为中心，积极主动工作的人是改善过程中最大的助力器。精益服务也是如此。认识到人的价值，并以"改善的人"为中心推动精益服务的实施，才能真正有效地推动每一次的改善。在这个过程中，"改善的人"也将通过不断地推进流程改善来提升自我水平，积累自身价值。但是，如何明确自己的水平在精益服务体系中所处的阶段呢？

黑带体系应运而生。

从黄带入门，到获得绿带资格，再到成为解决问题的专家——红带，管理者将通过一步一步的努力成长为精益黑带——资深改善专家。精益服务黑带体系为每一位致力于汽车服务领域的管理精英们打造了明确的上升阶梯，为有志者提供了每一个台阶所应对的学习与工作标准，为改善者们明确了目标与方向，有助于他们事业的进步。

可以说，精益服务的黑带体系弥补了当前汽车服务从业人员职业规划的空白，是汽车服务人才最有价值的成长通路。

第一节 精益改善的起点——黄带

精益服务体系到目前为止，虽然经过了大量的实践，形成了完整的"道""术""器"各个层面的立体结构，在行业内产生了一些影响，但就体系整体而言，也只能说是初具雏形，还需要行业内更多的有识之士共同参与、共同推动。因此，我们从福建、贵州、广东开始黑带训练，邀请更多的行业精英们关注和参与。

为此，我们首先邀请了一些具有精益理念和改善意识的优秀管理者们参加黑带课程，并聘请部分优秀学员担当助教，期待他们尽快学成，成为精益服务教官，将他们对行业的突出认识，融入精益服务的"道""术""器"中，成为共同研究和不断践行的"同道中人"。

每一次黑带课程，我们都刻意邀请来自零售服务终端的制造商和渠道商以及一些院校的专业教师与多种类学员共聚一堂，研修精益服务体系课程，培养学员掌握体系、掌握标准、发现问题、有效改善的实战能力。我们期待更多的黄带学习者，在全行业范围内，通过标准化体系建设，通过有效的改善，在行业洗牌的过程中，率先完成服务机构的蜕变，形成机构的核心竞争力，最终实现业绩的稳步增长。

一、接受精益服务理念

精益服务黑带体系在中国刚刚兴起，需要拥有更多的愿意成为"改善的人"的基础成员作为未来的黑带储备。但是，从当前的市场状况来看，"改善的人"作为一种未来的主流趋势，这一理念才刚刚被提出来。具有改善意识和具体行动的人，在行业内部少之又少，颇为珍贵。

第七章
进步与提升——黑带进程

1. 接触理念，理解精益服务

人们通过不同的方式接触了精益服务，当他们深入了解行业趋势时，了解当前汽车服务机构面临的具体问题时，必然会理解并赞同这个理念。达成这个共识，有利于精益服务体系的展开与共同学习。

我们通过行业展会和论坛，已经对精益服务理论体系有了较为广泛的讲解，这些内容引起了很多善于思考并追求改变的机构成员们的重视。经过后续的深度沟通，他们无一例外地接受了精益服务体系，并愿意进一步深入学习和运用。

2. 深入学习，掌握体系知识

在行业当前的形势下，许多制造商或区域渠道的代理商已经感受到改变的必然趋势。他们认为，他们所经营的业务过程中，非常迫切地需要增加对店铺有价值的技术服务，只有这样，才能使代理的产品销售业务持续下去。他们对终端店铺的运行状况非常清楚，对店铺存在的问题也相当清楚，很想通过学习交流，为店铺提供改善帮助。通过对精益服务体系的沟通与了解，他们确定已经找到了自己所需要的东西！通过学习与掌握精益改善理念与技战术，他们获得了一个产品技术之外的，能够为店铺提供巨大帮助的服务平台——成为店铺实施精益改善的指导者。

紧接着，他们意识到自己有必要首先学会精益服务体系及改善方法，再通过对店铺提供相关改善的指导与帮助，实现对店铺的增值服务。在精益服务传播的过程中，他们正在成为第一批对精益服务体系投入热情的行业伙伴。

我们发现，他们能明显感受到有效改善所带来的巨大价值。他们是终端店铺的产品服务提供商，从某种程度上讲，他们比店铺还更加清楚地意识到，店铺管理运营非常需要这个体系的支撑。因此，他们成为精益服务体系的第一批宣传志愿者。

在这里，我需要感谢卡泰克（中国），感谢杭州小拇指，感谢福州娜娜咪呀项目服务公司，感谢佛山臻荣商贸公司，感谢厦门欧德力等一批精益服务的支持者和传播者！

在业务推广过程中，他们不知不觉地开始提及精益服务，并且运用精益流程方法改善各自的项目运作，同时运用流程管理的基本原理，帮助店铺分析问题、解决问题，在店铺中起到了广泛传播的作用。这也为店铺导入精益服务、改善流程、提升业绩打下了坚实的基础。他们的服务很受零售店铺的欢迎哦！

当然，我们的主导学员还是汽车服务店铺和维修企业的管理者们，无论在河北、北京，还是在福建、广东、湖南，大批行业精英正在加入以精益服务体系为主导的职业化训练中来，共同研修、找寻改善之路。

二、开始系统学习

当他们接触并接受精益服务理念后，在不同的环境下展开了不同方式的学习与运用。这些机构在店铺展开流程培训，得到了店铺的普遍欢迎。他们不仅深入培训，而且在一周后组织培训人员通过微信群聊等新颖的方式展开精益服务技战术考试，形式活泼，深得年轻员工的喜爱！这种形式上的创新，也增强了精益服务的传播能力。

1. 积极参与学习

在上述这些公司的积极带动下，更多的渠道、终端从业者开始学习精益服务的战术体系。当然，我们组织的黑带课程则更加严谨，以训练为主，培训学员的实际运用能力。由于精益服务体系得到广泛的关注与支持，学员们可以通过正在实施精益服务的不同级别的服务机构现场体会黑带训练中的课程内容，通过观察、调研、比较，能够真实地感受到运用这些体系战术的价值。

2. 坚持修完黑带课程

在充分感受到精益服务体系的价值后，人们开始希望通过参加黑带训练，全面掌握精益服务的系统知识，他们已经将黑带作为自己职业生涯的明确目标。这时，我们将授予这些学员精益服务"黄带"资格，勉励他们更加努力地学习，并要求、指导他们从开始就在实践中边学边改善，积累实战经验。

三、影响及带动

学习与实践的相互带动作用是非常明显的。人们需要找到自己的事业目标，也需要找到事业的同道者，所以，每一位精益服务的学员或教官，都应该是一名传播者。因为我们在共同改变这个行业！只有教会了别人、带动了别人，我们才会更认真、更强大。

1. 边学习边实践

精益服务黑带课程一开始就是边学习边实践的，这种方式主要源自我 1993 年在新加坡航空学院的短期受训经历。当时，我们到了学院才发现，学院没有一位专职的授课老师，全部的课程都由樟宜国际机场或新加坡航空公司的官员亲自讲授。上午学习什么，下午就进行具体的观摩和操作，而且有部分实操项目，学习效果非常好。

这样的职业训练让我永生难忘！在今天，这种良好的方式终于在我们的黑带课程中被完全运用起来了。这也是我一直的夙愿：让先进的、有效的管理训练方式影响到更多的人。

黑带课程会对学员学习后的运用状况做系统跟踪，虽然授课的老师都是行业的资深人士，但是学员各自的工作环境有所不同，在实践中应变，还是需要跟踪指导。在精益服务黑带课程中，我们聘请了许多行业志士成为助教，参与后续的跟踪辅导与课程调研，将课程内容与学员改善充分结合起来，这种方式受到学员们的热烈欢迎。

"学以致用"系统是精益改善的系统工具，它主要承载精益服务理念和28项技战术，有文章、书籍，有案例、考题，帮助大家学习、理解、改善、分享。

2. 传播理念，影响周围

每一位精益服务的学员，都会成为精益服务理论的传播者。他们大多数都是自发地、热情洋溢地向人们讲述他们刚刚掌握的新知识和他们正在进行的有效改善。这种发自内心的成就感，本身就是最有感染力的宣传。这也是精益服务的魅力所在。

精益服务的黄带只是体系学习与运用的起点，它只说明该学员已经决定系统地学习精益服务体系。但是，黄带资格所赋予的使命，却已经清晰地刻在了每一位学员的脑海中。要做精益服务的先锋！要在行业发展进程中贡献自己的价值和力量，这是一份伟大的事业！

第二节　建立自我标尺——绿带

怀着期待的心情，黄带们开始了精益服务体系知识的学习，他们希望进一步获得第二个阶段的肯定——获得绿带资格！当然，这并不容易，需要通过黑带系列28门课程的全部理论考试。

一、系统的精益管理知识

以精益服务体系理论为主导的黑带课程体系，主要包括：精益服务管理基础、标准化作业集群、计划与经营管理集群、访谈式营销集群、评价与考核集群五个方面的内容。

1. 精益服务管理基础

这部分课程主要包括以下几个部分的内容：

A. 精益汽车服务原理

B. 精益汽车服务导图

C. 精益汽车服务评估

D. 精益管理改善路径

E. 精益管理"道""术""器"

2. 标准化作业集群

这部分课程主要包括以下几个方面的内容：

A. 现场管理

B. 流程管理

C. 作业标准

D. 作业K-H

E. 技术通报

F. PDCA运用

3. 计划与经营管理集群

这部分课程主要包括以下几个方面的内容：

A. 经营目标制订

B. 年度经营计划

C. 月度经营计划

D. 检查与总结

E. 会议与培训

F. 日清日结

4. 访谈式营销集群

这部分课程主要包括以下几个方面的内容：

A. 商圈作战

B. 项目立项管理

C. 营销 K-H

D. 点检记录与运用

E. 网箱管理

F. 促销常态化

5. 评价与考核集群

这部分课程主要包括以下几个方面的内容：

A. 流程标准化

B. 过程数据化

C. 薪酬体系

D. 资质体系

E. 荣誉体系

F. 考核与面谈

我们相信，当黄带学员完成了上述 28 门课程的理论学习与训练后，他们已经完成了作为行业管理者的"职业化训练"。

二、严格的考试

上述全部课程分为理论学习与实战考试两个部分，学员通过学习、实战演练、考试，力求做到学懂、会操作。考官和助教们会严格把关，想从他们手中获得学分，不太容易哦！

路虽远，行则将至。

许多学员把黑带训练看成是每一位汽车服务行业职业经理人职业化训练的一个必然过程，经过精益服务体系战术的职业化训练，他们的身份、地位和影响力已经与众不同啦！

"学以致用"系统为每一位黄带学员开设了自己的独立账户，它将详细记录每一位黄带学员的学习内容与改善课题，并展示进阶过程中每一个阶段的学习内容和对应阶段的改善项目，学员必须在现实案例中运用所学知识，实施有效改善。只有成功的改善，才能成功地结束上期课程。

三、人生新起点

通过系统地学习精益服务体系知识，每一位学员都发现，随着所掌握的知识与技能的逐步积累，自己在面对工作时的内心世界变得越来越强大。经过精益服务体系课程的严格训练，他们成为合格的"改善的人"。

掌握了系统的技战术，掌握了每一个部分的标尺，就能在日常工作中准确把握许多值得改善的点。在黑带或教练的带领下，您就可以针对问题进行分析改善！

每一批黄带学员，从第一次课程开始，就已经踏上了"改善之路"。

第三节　改善的人——红带

红带是专业改善的起点。红带人员一般是配合黑带在改善小组中展开工作，贡献价值，在这个过程中不断进阶，直至黑带。当然，一名有一定经验的红带人员，在经验、能力允许的情况下，我们也不介意您暂时扮演黑带的角色，带领小组预先进入领导改善阶段！

一、第一次改善

当您获得绿带资格的时候，或许您早已经置身于一次又一次有价值的改善活动中了。也许您的机构已经导入精益服务体系，您已经在精益改善小组中多次发挥重要作用了。但是，已经在红带阶段的您，是否感觉到有许多不同呢？

也许您在小组中担任的是流程执行的人，或者是测量的人，或者是流程分析的人，或者是……无论是什么角色，您都已经在期盼改善的成功，因为它意味着客户满意度的进一步提升，意味着经营业绩的明显好转。通过这些，也许您能够更真切地体会到作为一名"改善的人"的真正价值。

在改善小组中，红带人员更多的是担任改善主力与黑带助手的角色，他们用实际行动来带动小组其他成员的工作，并在配合行动中充当改善先锋。

在这个阶段，您也许更关注的是精益服务导入期的三个冲击波实施计划，在服务机构初期改善项目中积累足够的改善经验。

二、成为领导者

红带人员的第二阶段任务，是在改善小组中逐步成为改善课题的选择者、确定者，成为改善小组的创立者、领导者，真正率领小组成员实施有效改善。

在这个时候，您需要全面掌握精益服务"六步法"，从精益改善的准确选题开始，学会把握、推进改善的每一个步骤。您将会面对以下一系列问题：

（1）您的选题有价值吗？

（2）您的改善小组有战斗力吗？

（3）您设计的改善方法有效吗？它为机构带来了什么样的价值？

（4）怎样才能使改善方法长期有效？

三、成功的改善

一次成功的改善，需要具备以下几个方面的特征：

（1）对于改善的结果投资人是满意的，体会到了改善的价值与意义；

（2）改善的结果是小组满意的，大家的工作与付出有了明确的价值与回报；

（3）改善的结果已经转化为今后实施的规范，让相关者人人都遵守；

（4）改善的效果已经在"学以致用"系统平台上分享，有许多人点击、观摩。

作为一名红带人员，第一次带领小组获得改善成功非常关键，这是一个信心建立的过程。可能在实施改善之前，您所在的机构已经发现了许多问题，有些甚至已经非常严重，您或许也急于改善。但是，就像前文所言，第一次改善的成功非常重要。所有的事物都有成长的过程，改善的难度也应该是循序渐进的，这是管理者要掌握的技巧。因此，第一次选题一定是小试牛刀，不能选择太大、关联因素过多的课题，而应该选择相对容易实现的目标项目。

通过实践我们发现，红带人员作为改善小组的负责人首次带领大家做改善项目时，应从以下这些项目中选择：

（1）商圈作战：准确定位客户在哪里，摸清竞争对手在做什么；

（2）洗车标准化：重获客户消费信心，显著提升洗车客户数量；

（3）认真点检：强化客户的车辆状况认知；

（4）定时管理：保障现场改善的有效推进等等。

同时，可以选择"对某服务项目进行立项管理"作为第一个课题。

选择项目的实施，可以遵循这样的步骤：

（1）通过项目梳理发现，店铺开展的项目都是业绩平平，没有一个项目能够让10%以上的车主消费；

（2）选择其中一个客户最需要的，而且还未实现普遍消费的项目；

（3）在这个基础上，再结合前面的项目梳理步骤和"六步法"中的基本内容进行改善。

提升客户到店数量、提升项目转化比例、降低返修率……类似这样的改善项目很多，而且任何一个项目都具有很大的经济价值。有了红带的资格底蕴，选好项目确保第一次改善成功是非常关键的。有了这个过程积累，就可以依次挑战更高难度的项目，同时开始了向下一个阶段晋升的历程。

第四节 改善专家——黑带

一、黑带的使命

每个进程都有其阶性段专注的内容，这点在黑带体系中非常明确。如果说在整个黑带进程中，黄带人员主要忙于基本技战术的学习与积累，并做出一些小型改善，以积累实战经验；绿带们则忙于考试与补考，因为28门技战术从实战到理论，学分都要累积到位才能进阶；红带们则忙于参加更多的改善项目，以积累成功案例的数量，向黑带进发；那么，黑带们主要应该忙些什么呢？

1. 在自己的企业做好改善专家

黑带人员是当之无愧的改善专家。对于一名从黄带开始，已经积累了一百次成功改善案例的精益黑带来说，经过这些磨砺，获得黑带资格，标志着您在精益改善方面已经非常成熟了。

成熟的另一个标记是：黑带人员作为"改善的人"，他们的改善从未间断过，而且这些改善都产生了良好的业绩效果。所以，在汽车服务业，黑带人员是一个服务机构体系运行的灵魂人物，在自己所在的机构做好改善是一名黑带人员的本职工作。

2. 培养更多的绿带

黑带人员的另一个本职工作是每年至少培养 50 名绿带成员，否则，这个资格将受到质疑。

无论是带动更多的改善项目，还是对外授课，黑带人员都是在用自己的人生展现着改善的成果与价值。此外，改善是一个团队行为，在黑带人员的改善项目中，必然会有大量的黄带或绿带资格的人参加，随着经验的积累，他们将逐步成长起来。

所以，在精益理念的导入方面，在精益技战术的传授方面，黑带人员都是当之无愧的前辈老师。影响后辈、培养后辈是黑带人员的职责。

3. 努力担当社会工作，传播精益改善文化

黑带人员需要努力承担社会宣传工作，广泛传播精益改善文化。黑带人员通过积累大量的改善案例，正在成为改善专家，正在成为精益服务的研究者。因此，他们需要更加广泛的社会视野，需要参加更多的社会活动。

这些活动主要包括会议、授课、经验交流等。一名成功的精益黑带，应该做到内外兼修：对内，带领团队做好改善，成为企业的支柱；对外，做好传播交流，扩大社会影响，让自己的所学、所用能够产生更大的社会价值。

二、黑带九段的成长

成为精益黑带，也只是成为改善专家的第一步，黑带九段的漫漫长路，还需要我们共同奋斗，以努力实现人生更高的奋斗目标。

1. 改善是根

改善是精益服务黑带的"根"，一旦您停止改善的实践工作，您的精益服务就没有"根"了，就没有价值了。因此，在黑带后续段位的晋级考核方面，改善的成功案例积累，仍然是主要考评项目之一。

2. 树人是本

黑带段位评估的第二个要素是绿带成员的培养人数。每年培养50名绿带成员，是黑带资格的基础底线，更多地培养绿带，将更有利于黑带段位的晋升。

3. 散发于社会

在黑带段位的评估中，社会影响力已经逐步占据较重要的分值。这里的社会影响力，一方面指参加社会不同层次的研讨会，发表自己的观点、见解；另一方面指参加社会有影响力的改善案例交流比赛，让改善价值在更大的社会层面获得更广泛的肯定。

4. 在您身后的链接平台

在精益服务改善项目实施过程中，您从来都不是孤独行进的人，您更不能将自己搞得很孤独！这是因为，永远都有一个资源广泛的"学以致用"系统在您的背后支持您，为您提供海量的技术K-H、流程改善案例的支持；还有许许多多同道也和您一样，不断推进着不同课题的改善，他们也渴望交流，这些交流将给您巨大的支持与帮助。

每一位从黄带阶段开始学习与改善的学员，都将会有一大批精益服务的资深人士为您指导，他们将伴随您走过最艰难的开始之路。

第七章
进步与提升——黑带进程

"学以致用"系统将会记录您的每一次学习、考试，也会记录您从黄带学习开始的最初始的改善案例。人生在于积累，经验在于积累，成功在于积累。这些链接的记录，记载了您的努力与汗水，也记载了您的成就与艰辛。它就是您的支柱与靠山。

在您需要知识的时候，您可以从这里大量获得；当您需要指导的时候，这里有您的同道，能给予您最直接有效的经验……有了这个知识平台的支持，改善中的您一定可以勇往直前。

5. 与您同行的人

许多黑带人员都在与您同行。也许黑带们在同时解决同样的问题，也许他们正在不同层次上解决不同的问题，大家都走在改善之路上。正是这许许多多的同行者，让您在比较中学习和成长，在比较中不断进步。

"学以致用"系统中关于改善的交流将永不停止，高阶黑带专家的在线互动也将持续开放。支持每一位黑带人员的改善，是我们的使命！

也许您正需要一次"精益服务改善交流之旅"？马上就会有了！相信很多同道好友正好也都有这样的需求，通过平台链接，马上就能够组织起来。

精益改善之路，您从来都不孤单！

三、研究院与黑带大师

我们正在发起成立"精益服务研究院"，同时邀请在行业内奋斗多年并获得成就的、有理论和实战经验的行业精英成为"黑带大师"。他们肩负着精益服务体系规则建立与执行的使命，是推动精益服务体系持续发展的组织者。

1. 精益服务研究院

目前，全国多家研究院已经向我们发出邀请，希望精益服务能够成为共同研究的方向。也许我们将发起成立自己的研究院，独立地、专注地研究技术服务行业的精益服务体系。

所有黑带的相关资质，都将由研究院正式审查批准。

2. 黑带大师的职责

黑带大师是一种荣誉称号，象征着精益服务研究机构对那些在汽车服务市场努力拼搏多年，并有重大建树的行业领袖们的认可与推崇。

由黑带大师们在初创的精益服务体系基础上，制定更详细的运行规则，管理并持续推动精益服务体系的完善与推广。

每一位黑带大师都有自己擅长的专业领域，并且对行业的发展资讯有着广泛的认知。通过他们的授课与辅导，成长中的黑带人员将会在改善之路上获得巨大的提升。他们在行业内推动"以客户满意为中心"的改善之风，让大家的精益思想能够主导整个行业的健康发展。

写到这里，我似乎看到了一批具有使命感的、对自己领域有深入研究和探索的、有着高度成就的行业领袖们，以精益思想为主导，率领着大批"改善的人"，努力致力于改善和提高，不断推动行业进步与发展。作为一名"改善的人"，身处这样一支队伍中，我感到无比的自豪！

第八章
精益服务的发展历史

精益服务的理念萌芽于我早期的生产管理实践。进入汽车服务行业后,有感于行业内的混乱现状,我开始潜心研究门店管理,产生了精益服务的雏形。在不断的经营、提供咨询和宣讲的实践中,整个体系不断得到完善。时至今日,精益服务的理论体系形成,终于可以在中国汽车服务业起航了!

第一节　精益汽车服务的起源

2003年，我从铝合金轮毂制造业转行，进入中国汽车售后服务行业做顾问研究工作，一晃已经14个年头了。14年弹指一挥间，如今回顾当初的抉择与转行意识，仍然坚信自己的人生决定是正确的。

在生产制造业，我经历了希望集团"精细化管理"的严格要求阶段；在立中集团，我又经历了丰田的"精益生产"的体系建设认证阶段、后来的QS 9000以及TS16949国际质量标准体系的建设与反复通过认证阶段的考验与洗礼。由于需要不断满足不同级别汽车制造厂的产品配套要求，工厂的体系建设与体系认证工作从未停止过。丰田体系的认证、福特体系的认证、大众体系的认证，通过一个一个的体系认证，一直是我从事管理经营工作的核心。

因此，对体系的认识，我经历了从朴素到严谨，从希望集团的点滴新创到ISO 9000体系的百年汇集，从企业所处的阶段性不同到行业的阶段性不同的体系认知逐步提高的过程。

回顾一下中国经济体制以及经济环境的变化，我们可以清晰地看到系统改善在不同产业间的进程，这和社会化大生产和世界分工的进程密切相关。伴随着中国的改革开放，经济体中第一步获得系统改善的是生产制造业。因为在中国通过对外贸易创汇的时期，逐步运用了中国劳动力资源的优势，第一阶段的中国产品在国际市场上的竞争优势，就是依靠成本低廉的劳动力，形成了强大的制造能力，在商品制造方面形成综合成本优势，获得产品出口的市场竞争优势。

在这个过程中，新一代中国产业工人和企业管理者们通过加强学习，不断提升劳动力水平，与国际实现产品制造标准接轨。到今天，通过一代精英们的不懈努力，生产制造业已经适应并完成了这个过程，中国成为无可争议的世界制造大国。这个过程的核心主导，是人的改变。

这一个过程，其实就是一个适应国际市场标准，逐步提高劳动者职业素质，获得各国用户对产品质量认可的长期过程。各类产品用户从对产品的不满意到满意，从对"中国制造"的不太接受到全面接受，其中的关键作用点，一是国际标准体系，二是一代职业经理人与产业工人的努力改变与适应。

2003年底，我进入大丰集团并正式全面进入中国汽车售后服务行业。由于过去所从事的生产制造业主要是生产汽车轮毂，所以，其实从三年前的2000年开始，

图8-1 日本汽车市场主流媒体采访报道杜小龙先生

注：日本汽车售后服务市场主流媒体AM-NETWORK对我们于2004年提出的构建人才教育体系和配件物流体系保持高度关注。

第八章
精益服务的发展历史

我就已经以产品提供者的身份，开始同时接触中国、日本及欧美的汽车售后市场。

在进入这个行业时，我不断地问自己：为什么要进入这个行业，自己将如何面对今后的职业生涯？当然，还是因为深入思考的结果决定了我进入这个充满梦幻和美好前景的行业，也决定了我们当前正在持续奋斗的工作。

因为这个行业更需要精益思想，这个行业更需要精益服务！

我们已经经历并完成了在生产制造业的体系建设与改善，带着作为执行者的经验和教训，投身于中国技术服务产业。在这个需要用体系规则来规范的行业中，相信自己必将有所发挥！

第二节　直面根本问题

一、对核心问题的分析

通过前面对行业发展三十年的历史主流问题的梳理，可以发现，在整个服务行业，从零售店到代理商、品牌商，都在普遍追求"以现金回收为中心"的财务收益的层面，而完全忽略了客户的立场和地位，由此建立了可怕的价值观之下的整体价值链。年复一年，这种价值观体系的构筑，无论对行业中的个人，还是对店铺群体或者是服务关系群体，其形成的强大习惯，都同样牢不可破，生存能力强大。

通过四层企业战略构面图（见图8-2），结合行业发展的现状，大家可以清晰地认识到，无论是店铺，还是与其紧密关联的代理商机构，包括行业的各种产品品牌机构，绝大多数都只能在第一个"近视的""财务构面"进行着意识挣扎，连"客户构面"都很难进入。

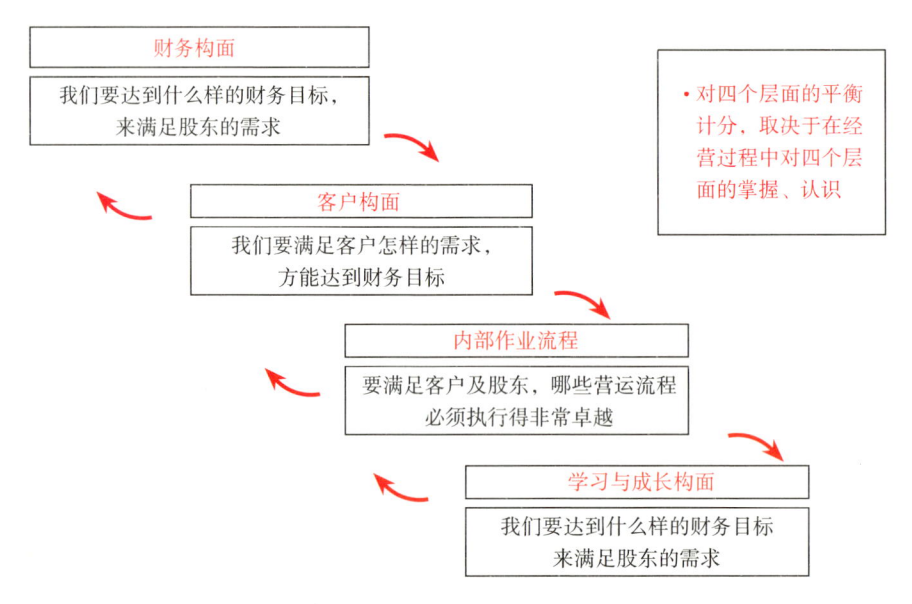

```
┌─────────────────────┐
│      财务构面        │
│ 我们要达到什么样的财务目标,│
│   来满足股东的需求    │
└─────────────────────┘
         ↓
┌─────────────────────┐         ┌──────────────────┐
│      客户构面        │         │ • 对四个层面的平衡 │
│ 我们要满足客户怎样的需求,│         │   计分,取决于在经 │
│   方能达到财务目标    │         │   营过程中对四个层 │
└─────────────────────┘         │   面的掌握、认识   │
         ↓                      └──────────────────┘
┌─────────────────────┐
│     内部作业流程      │
│ 要满足客户及股东,哪些营运流程│
│   必须执行得非常卓越   │
└─────────────────────┘
         ↓
┌─────────────────────┐
│    学习与成长构面     │
│ 我们要达到什么样的财务目标│
│   来满足股东的需求    │
└─────────────────────┘
```

图 8-2 四层企业战略构面图

可以说,如果真正理解了这四个构面的关联性,也就解决了前面所述的大部分问题。但是,人们被眼前的利益蒙蔽了,没有机会接触这些可以令其持续生存和发展的、有价值的理论及工具。所以,这些店铺就显示出两个方面的特征:一方面客户无人管理,回访基本没有,客户资料无人维护,对客户投诉的处理是随机的;另一方面员工上行下效,表现出责任心不够,随时想着跳槽或单干。

实际上,只有让员工不断地学习与成长,才能保障客户的满意;只有客户的满意,才能长久满足投资者的财务收益,企业才能获得持续的、长久的发展。回顾三十年的发展史,我们过多地关注了金钱与利益方面的问题,而长期置员工利益、客户利益于不顾,今天出现这样的局面,也是注定的,而且想要改变非常困难!

二、我们的努力与坚持

14年来，我们担任行业顾问，为店铺或品牌公司提供管理改善服务形成主要收入来源，通过对汽车服务店铺——这一行业的主要产品服务承载平台的顾问服务与管理提升，来完成对行业的深度研究。

在长期的研究过程中，一个问题清晰地显现出来：为什么行业的服务水平无法长期满足市场客户的正常需求？当然是服务标准的执行问题！但是，行业中的每一个产品供应商、每一项产品服务技术其实都是有标准的，为什么实现服务标准还是这么难呢？

因为人！因为行业缺少对人的规范标准！因为人没有标准，所以行业中一大堆产品和技术标准，都成了无人问津的、杂乱无章的摆设。只有当人有了规范和标准，只有当人们意识到规范能不断提升从业者自身的价值的时候，这么多产品标准才会被执行，行业才可能实现健康发展。

精益服务标准体系是我们在"精益生产"的原理上，结合ISO国际质量体系标准，以及六西格玛体系标准的基本原理，针对中国服务业的基本国情，通过14年的艰苦努力打造出来的基础体系原型。我们相信，通过全国第一批100位"精益服务黑带"们的共同努力，通过在全国更多的职业院校同步开展精益服务系统教学，我们的体系建设和运用将更加高效快捷地展开。

有了互联网的技术支持，"学以致用"系统能够准确地记录每个人的知识存量和贡献值，我们的精益服务标准体系将会迅速实现有效推广。

第三节　先驱者的智慧感言

一、观点

原新奇特董事长林光麟先生曾经多次与我交流对行业的看法，他认为，中国汽车服务行业的市场状况与20世纪20年代的中国社会局面很类似，秩序混乱，问题层出不穷。这里暗指当前店铺提供的服务不规范，无法获得大多数客户的满意。

他认为，汽车服务行业的希望在学校。需要从学校的学生抓起，他们本身是纯洁的，有良好品格的。需要从学校开始建立一支有理想、有追求、有技能的新型从业者教官队伍，把行业规范的真正希望寄托在他们身上。

万亿的市场规模是任何人、任何力量都眼红的市场。当然，嗅觉最灵敏的资本早已强势介入，有的从连锁扩张开始，有的从线上打通线下开始，有的则从零部件供应链开始……资本的全面进军，甚至造成了这个行业欣欣向荣的局面。遗憾的是，强大的资本力量并没有能够撼动根本的问题，随着2015年汽车后市场资本寒冬的到来，大量曾获得资本注入的企业因为不能持续获得资金的注入，倒闭无数。非常可惜，强大的资本也未能在这个非常具有前景的市场获得一个有效的起点。

如果不能够充分认识到这些劣势，以及所产生的恶劣而广泛的影响，贸然投资进入这个"极具发展潜力的行业"并希望获得规模增长，毫无疑问会遭受巨大损失。在2013年汽车服务行业"点金传媒"组织的"百城千店诚信联盟"大会上，面对诸多基金投资人以及行业连锁大佬们，我用15分钟的演讲，呼吁大家关注、重视这个核心问题，这个问题得不到有效重视和解决，资本决不能贸然进入。

第八章
精益服务的发展历史

到 2015 年底，近 300 亿美元的投资已经进入我们的行业，"O2O"、免费洗车、免费保养……各种模式的资本纷纷介入，最后投资者们似乎都在苦笑：B2VC 啊！资本被行业忽悠了！

问题在哪里呢？精通精益生产体系并对精益服务高度认同与支持的贵州客车厂厂长田华先生的结论是：行业一定会快速发展，但是这需要一个前提——人力资源的"产能"有没有准备好。他说的"产能"，就是指掌握了技术规范、愿意执行技术规范的大批量的新型从业人员，尤其是一线主管人员。

二、推进的坚持与无奈

1. 训练班与立即行动营

图 8-2 所突出的观点是，从个人学习与成长层面出发，推动企业内部结构的不断完善、流程的不断清晰、标准的充分实现，从而完成对客户的满意服务，最终才能实现满意的投资经营价值。

图 8-2 是我从 2003 年开始在行业中到处宣讲的，也是我们每到一处提供顾问咨询业务必须推动的主题框架。然而，我们每到一处，除了极少数睿智的创业者能够真正理解这些观念与方法的价值，绝大多数店铺都只对如何扩大销售，提升销售额感兴趣。

记得有两件事非常有代表性：一是当时的培训很火，只要是冠之以"店铺业绩快速提升"为名的"营销"培训，听众都趋之若鹜，花多少钱都愿意听；二是不断有人劝我，将我们实施的培训与顾问服务放在营销上，培训的题材与着眼点突出营销，否则很难吸引客户眼球。我拒绝了！我们始终坚持在顾问服务以及相关的公开课上只突出关注客户满意度和内部流程改善。

2006—2009 年，我们与山东柏年超群一道，在山东地区开设了四期"龙之助店铺管理培训班"，着力于店铺运营流程的改善、人员素质的提高以及作业记录的强化。虽然影响力很不错，从根本上解决店铺的生存发展问题的方法很受大家喜爱，但是，各种营销培训还是更加吸引店铺老板，他们的注意力终于被转移，去忙于直接提升营销业绩。我们的声音被逐渐淹没了。

从2013年开始，我们和北京尊毫晶饰合作举办的"龙之助立即行动营"教学训练项目，也是针对店铺如何实施精益服务的专业课程，主导内容就是流程改善与员工训练。课程得到了来自福建、内蒙古、河北、山东等多个省区的店铺老板的支持与青睐。

2. 第一批12位顾问助手

2006年，我从行业粉丝和业外刚毕业2—3年的大学生中，招募了12名顾问助手，分别协助我实施不同项目的顾问咨询业务。

三年下来，这些助手在项目服务中逐步成长起来，他们通过工作实践和团队学习，掌握了一些思维方式和工作技能。在业内看来，这些思维方式和知识技能就是无价之宝。

渐渐地，业内不断有公司使用各种手段挖这些助手，给房子给车子还给高薪。这些成长中的年轻人也需要更好的经济条件，更需要独立的环境去检验自己、磨炼自己。于是，经过我的同意，他们全部到不同的企业任职，我再重新招募人员训练补充。

更厉害的是，河北有一位退伍军人叫陈永顺，从乡镇干部上退下来，开过洗车店，当他发现我写的《中小企业管理论集》和《车业服务店铺经营管理指南》等著作后，立即买到手认真学习。好多年前，他在一次会议上见到我，拿着他学习的《中小企业管理论集》给我看，书已经很旧了，上面每一页都密密麻麻地写着读书感想。

我很感动！他一定是读这本书最认真的人啦！

第八章
精益服务的发展历史

结果他告诉我：他原来的洗车店不开了，通过读这几本书，结合店铺实际运营，他已经开始专业为店铺解决问题了。其实，这就是早期黑带工作的原型。

我写的每一本书，他都认真看，并且努力理解运用，当成主要工具书来使用。陈永顺的亲身经历表明，他也许是正在汽车服务行业践行精益服务的第一个专业黑带。

如今，这些昔日的弟子、伙伴，都将成为中国精益服务的第一批黑带成员吧！

就这样风风雨雨14年，我们在面对越来越多的店铺与连锁机构的管理顾问需求、托管店铺需求中生存下来了。尽管我们的声音比较微弱，但是我们的研究得以持续，我们的系统资料也在逐步完善。到今天，精益服务所形成的理论体系，已经逐步强大起来。正是在这样的历史环境下，经过我们14年如一日，心无旁骛的执着追求，这个体系才能够逐步得以形成、完善。

在当前的行业大环境下，精益服务理论体系被相当多的行业朋友重新认识，被大家普遍接受，直至被更多的职业院校汽车专业列为必修教材系列。精益服务可以在中国汽车服务业起航了！

经过三十年的行业历程，我们终于可以在2015年将行业的"草创时期"画上一个句号了。在这之前，行业内几乎所有人都已经感受到：想要实现健康发展，必须具备让客户满意的内部流程与良好的执行力，而能够达到这样完美标准的前提是从业人员的学习意识与认真精神。而这一切取决于人，取决于从业人员用什么样的态度对待工作，用什么样的态度对待知识与学习。

决定一个人未来是否有价值，取决于这个人的知识存量；决定一个服务机构未来是否有发展，取决于这个机构的知识存量。但是，在过去的宝贵时间里，绝大多数的服务机构和个人只是攫取了金钱，却忽略了知识存量的积累。面对行业全新的开始，它们却显得那样的无奈与焦虑。这些问题，您都认识到了吗？

图 8-3　日本汽车后市场主流媒体再次采访报道杜小龙先生

注：2009 年，时隔四年，AM-NETWORK 杂志再度到中国采访作者，并关注作者所从事的工作状况。

第九章
行业发展呼唤体系

相信读到这里，读者都对精益服务有了更清晰的理解。任何行业的发展都离不开与之相适应的管理体系，汽车后市场行业亦不例外。回顾行业的发展历程，每一步都走得仓促而艰难。缺乏有效的理论指导，行业转型又将变得更加困难。行业发展呼唤体系，精益服务应运而生，这也是大势所趋。

三十年糊涂，终将回归。

一方面，当初的个体创业者们几乎无一例外地实现了财富积累；另一方面，长期的简单掠夺性成长，在广大从业人员的公德心、稳定性方面产生了毁灭性的影响，同时也深深伤害了几乎每一位汽车消费者。这些历史问题为行业的重塑，造成了巨大的障碍。

从 2015 年开始，全国凡是从事汽车服务行业的人们，无论是 4S 店还是洗车美容店，或者是综合修理厂，老板们绝大多数都是耷拉着脑袋，充满无奈！为什么几乎每一个人都不满意行业现状呢？

以前简单赚钱的故事太多、太诱人，吸引了太多的个体创业者带着梦想和有限的资金进入；一万亿的市场规模太诱人，国际国内资本带着整合并购的经验进入。行业出现了 85 万家店铺为 1.4 亿辆车服务的壮观局面，平均每一个门店只能服务 165 辆车。从总体上来说，市场的服务方已经严重过剩了。

按照这个汽车保有规模，中国市场只需要 20 万家左右的服务店铺，才能有效地、有价值地保持这个市场均衡。然而市场的实际状况是这样的：房租坚挺、薪酬虚高，原本坚持不住的店铺有人退出，但还是有很多个体创业者或私人资本投身进来补位；大量的过去从事金融业、矿产业的获利者们，也因为看好这个行业的未来，带着资本进入，并进行规模型投资；还有国内外各种风险投资……

按照这样的市场格局来判断汽车服务店铺数量的递减速度，要实现从 98 万家到 20 万家稳定经营阶段的过渡，还需要一个相当长的时间。而这一定是一个以"血拼"为主题的长期阶段，谁才能坚持到最后？

对这个市场最终产生决定性影响的，应该还是资本。但是，资本的吸收兼并需要一路走好，需要创造第一阶段的成功，而且连续创造成功，直至20万家规模。只有当连锁机构实现这一真正有效的规模优势，才能最后摧枯拉朽，形成市场新的统一格局。

然而，从资本进入这个行业的实际情况来看，其开局并不理想，可以说是比较全面地连续受挫：投资以互联网为主导业态的资本，几乎都在C轮止步，难以为继；投资实体连锁的资本在还没有实现足以强大的竞争规模的时候，就陷入僵局。资本这一对市场格局最具影响力的要素，还没有正常发挥出来。

未来，怎么办？

当强有力的大规模资本都无法撼动局面的时候，确实需要关注到底是什么因素在限制这个行业的发展与进步。

第一节　行业的三十年

一、行业"发展"历程主线

一个从洗车工就能起家发达的行业，由于行业崛起阶段的暴利，形成了一个又一个以个体资本为主导的投资创业模式。

在90年代初，王某带着张某、李某几个人开了一个洗车店，代卖一些汽车用品。两三年后，作为老板的王某就开始有钱买房买车，过上了老板的幸福生活。跟随王某创业的张某和李某觉得：这钱也太好赚了！我为什么要跟着王某干呢？自己当老板不是更好？

于是，张某拉着几个自己的兄弟，另起炉灶，又干起了同样的洗车、卖汽车用品的买卖；李某也带几个人干了起来。他们各自当起了自己的店铺老板。过了

第九章
行业发展呼唤体系

两年,他们也照样买房买车。于是,跟着他们创业的兄弟,又自己出来单干,成就了自己的一摊子生意……

就这样,行业在这三十年中"复制"了约98万家不同类别的汽车服务店铺;4S店也是这样,只要投资就能赚钱。因此,从省城到地市再到县区……这些机构为1.5亿辆车提供服务,平均每一家店铺服务不到160辆车,终于导致大量产能严重过剩。经营者们怎么可能抬得起头来?

这就是行业发展三十年的基本写照。从80年代后期到2008年,产品制造工厂不断创造"汽车消费产品";汽车服务店铺的老板只要通过展会拿到新的"汽车产品",就会立即通过店铺的销售实现非常可观的盈利,销售价格都是翻了几倍甚至十几倍,原始积累的血腥、暴利随处可见。

在这样的状态下,员工能怎么想?当然是每一个员工都急于当老板!由于店铺越开越多,还没有学精技术的学徒,只要换一家店铺工作,就可以充当师傅,拿到更高的待遇。

老板暴宰客户,员工就欺瞒老板,一切唯利是图,哪里还有公德心?

而这些早期创业成功的老板,几乎都是"洗车工"出身,面对日益成熟的行业和市场提出的越来越全面的要求,面对单项产品经营到体系保障的必然趋势,由于他们缺乏危机意识和有效的学习与提高,已经完全跟不上行业的发展需求。

当然,那些自身具有操作技术的老板,由于他们在运营过程中不贪大,坚持在一线自己做技术管理,因此,他们的店铺现在大都还经营不错。但是,这样的店铺少之又少。

在这样的市场大环境下,客户在想什么?三十年啊!由于竞争的结果,价格一降再降,他们再傻也彻底明白了:过去被蒙了、被欺诈了、被敷衍了。当客户醒过来的时候,他们是用一种什么样的心理感受来面对这些店铺呢?

这样的行业具有什么样的基础?岂是轻易就能够整合的?

二、行业对问题的认识

在业界，各类媒体经常举办各种高级论坛，以店铺老板提问，专家解答的方式来讨论问题。然而，店铺老板在研讨会上所提出的大多数问题，都非常幼稚可笑！

针对店铺而言，大家提到最多的问题基本如下：

（1）如何提升销售业绩？（不思考如何改变，只想怎么提升业绩？直接抢算啦！）

（2）如何留住员工？（您这样都能发财，谁还跟着您干呢？稍有本事的人当然都自己开店。）

（3）应该如何进行人才培养？（这样的"创业黄金期"人才流动必然非常大，因为新生店铺太多，稍微熟悉业务的人随时都可能被挖走。）

（4）房租涨价太快。（店铺老板抢钱，房东就开始抢店铺的钱，今年店铺盈利50万，房租到期就翻倍涨，甚至翻两倍涨。）

（5）如何才能提高执行力？（这个话题太大，也太空，需要长篇论述，可不是几句话能讲清楚的。）

……

这些表象的问题竟然困扰行业内大多数店铺一直到现在，这是不可思议的。

人留不住，显然是因为开店太容易赚钱，谁都想自己开店。因此，有了一年以上功夫的人，都在拼命想着自己开店。老员工，特别是本身掌握技术的员工，当然留不住啦！一个调查数据非常说明问题：行业资历满五年以上的，有约三分之一的人自己独立或参与合伙开过店铺。

这个数字要说明的不是这么多人去开店，而是由于这个原因引起的人员稳定性差，以及相应的投机心理，已经形成非常可怕的惯性，严重影响了每一位普通从业人员的心态，成为一个行业的根本问题，困扰投资者至今未止。

三、行业显著的时代分割

1. 产品中心时代

行业内以产品为中心运行的时代，从 90 年代初开始至少延续到 2006 年。在这个时代，只要发现一个好产品，依靠一个好产品，当年就可以实现非常可观的盈利。

在这个时期，不少人正在购置自己的第一辆车。就像装修房子一样，房子不能开着走，车子却整天和自己在一起，所以需要精装修。这个时期对于汽车服务店铺来说，是绝对的卖方市场，卖东西一口价，毫无竞争可言。

2. 产品项目的"营销"时代

产品的好卖带动了大规模的资本进入汽车用品相关制造业，也引发了第一轮激烈竞争。随着同类产品的快速模仿，行业的"营销时代"来临了。

行业里大多数人所谓的"营销"，是指各种项目包装、营销话术编制、预售套现方案。这些营销手段完全是以现金收入为中心的。一时间，在各店铺上演了同类品牌的比拼：

某品牌在某某店铺一次活动收了多少钱；

某品牌又在某某店铺三天活动收入 200 万。

虽然时代不同了，行业依旧疯狂。

是的，店铺的现金套现回笼了，老板满意，此时的他们开始忙于享受生活；营销人员该拿的奖金拿走了，他们满意，手机、iPad 不断更新；客户的服务承诺出去了，剩下的服务却鲜有人问津。

更有甚者，从以"洗车免费"为主导的"营销策划"逐步演变成"免费换油保养"，甚至"终身免费换油保养"的恐怖策划。行业的混乱一直在加剧。

这样的"营销"时代，一直延续到 2015 年底。

3. 以客户为中心的精益服务时代必将来临

随着时光流逝，行业真正的问题日渐清晰：汽车服务店铺如何具有工匠精神，将每一件事情做好，做到极致？只有将服务做好，让客户始终满意，消费才能年复一年，效益才能持续，店铺的生命力才能持续。

如果要将这种工匠精神扩展成为一个服务体系，那应该就是"精益服务体系"。

我们可以将前两个时代归纳为"以现金回流为中心的时代"，一切以营业额、资金回收为中心展开店铺相应的运营。在这样的前提下，店铺对于"客户满意"的相关指标是缺少关注的，这些指标的具体数值绝大部分店铺根本拿不出来，与此相关联的业务技能、作业流程、施工标准都被忽略了。而当前，市场竞争本身迫切需要将服务的核心转向"以客户满意为中心"的运营状态，由这个原点而出发的所有运营要点、流程标准，都应该被管理者高度关注，以保证服务的有效性及客户的消费信心。

从2016年开始，下一个时代全面来临，那就是强调工匠精神的"精益服务时代"。

在2016年年初召开的"汽车服务世界大会"上，赫然出现的标题是"归源"，这已经为行业的发展指明了正确的方向。

第二节 侏儒式的复制及后果

一、品牌长不大

由于汽车服务这一全新的消费市场所产生的暴利因素导致的人员分裂现象，

不只是在汽车服务零售店普遍存在，在汽车美容、汽车装饰、汽车配件产品品牌等多个行业中也普遍存在。在和某位汽车美容著名品牌的老板讨论这方面问题的时候，我说出了自己的一贯观点：在汽车美容产品品牌提供商的圈子里，似乎有这样一个魔咒，一旦公司的营业水平临近5000万元的销售额，这个公司就会出现团队裂变，分裂出另一个竞争品牌。

他非常痛苦地承认了这个现实，不仅他的公司的几次重大裂变如此，还有不少类似的品牌也如此，它们总也长不大。

从总体行业社会角度评价，我们将这种创业开店方式称为"侏儒式复制"。侏儒只能复制出"更小的侏儒"。

二、人员心理浮躁已成习惯

在这样的状态下，人员普遍产生了两种必然的状态：（1）急着想自己当老板；（2）不断通过跳槽提高待遇。从业者们再也无法静下心来提升技能，修炼本领。

服务的根基不稳，怎么能够提供优质的服务呢？

联众精车店铺中出现的这两个案例非常能够说明问题：为了将维修作业技术提升上去，公司用12万年薪请来了一位对奔驰宝马车型的相关技术比较熟悉的技师，他受过品牌的系统训练，个人素质也很不错，属于专业技术型人才。公司以公司级技术总监的方向来培养他，希望他能够带领大家学习、训练，并且编写更多的技术案例。但是没过多久，他就被某客户老板煽动，出去合伙开了一个修理厂。两年过去了，修理厂的竞争同样激烈，他并没有赚到钱，而且真正面对一个厂每天的具体事务，其实并不是他的兴趣所在，渐渐地他就厌倦了。

这人离开公司后，公司又请来一位类似的技术总监，同样在六个月后，他以结婚为理由，离职不干了，且不知去向。

精益汽车服务

这两次动荡无疑让店铺的技术服务水平同样产生巨大波动，给客户造成很不好的品牌负面影响。而这两位高级技师自身并没有因为跳槽而真正获得多大的发展。这可以说是"双败"的结局。

结果，时至今日，联众精车每一个店铺的维修主管，都是公司从洗车工岗位培养起来的，并且担任了数年的洗车部主管。由于他们踏实肯干，给客户留下了深刻印象，客户对他们产生了强大的信任感。在这个时候把他们调到维修部，在配件采购岗位上熟悉产品特性，通过自己动手干一些力所能及的维修安装工作来熟悉基本作业流程规范，一两年下来，他们稳稳地胜任了维修部主管的岗位，而且忠诚度极高。

其实，面对整个行业，这样的故事一直在重复上演。

三、结构性影响危害巨大

当然，也不断有其他行业的人才进入汽车服务领域，他们要么蜕变了，接受了当前的行业规则；要么离开了，因为他们无法接受这样的商业规则。直到后来我们才发现，这种侏儒式复制所形成的各类"商业规则"，已经构建为完整的、具有强大自我保护功能的"生存价值链"。

这种生存价值链已经具备超强的社会适应能力和自我保护能力：在门店内形成了比较统一的内部规则与默契；门店之间也保持了竞争与"和谐"的生态环境；产品供应商只是送送货，也能大把赚钱……能够真正建立品牌服务体系的厂家凤毛麟角。

一晃三十年，时间使得这种"侏儒式复制"所形成的行业怪圈几乎牢不可破，充斥在其中的包括偷窃、回扣等各种诚信的大敌，在这个怪圈中习以为常。这种价值链的主体本身也许就要保持这样的"浑水"，以便继续"摸鱼"。因此，在这样的主体中，一定是混乱、肮脏、行为随意。在这样的商业文化主导的商业体中，资本的介入本身就非常危险。资本的介入一定是以基本的契约精神为前提的，当这个前提被大多数人蔑视的时候，资本只能陷入泥潭。

归源，将是一条大家都必须要走，而又注定艰难异常的路！